Nachtrag

zur Textausgabe

Die Fürsorgegesetze im Reich und in Bayern

mit Sachregister

von

Dr. Walther Heß

Regierungsrat I. Kl. im Staatsministerium des Innern

1930

München - Berlin - Leipzig

J. Schweitzer Verlag (Arthur Sellier)

I. Nachtrag (mit Deckblatt).

1a.*)

Gesetz zur Änderung des Fürsorgegesetzes vom 14. März 1930.

Vom 9. April 1932.

(GVBl. S. 197.)

Der Landtag hat das folgende Gesetz beschlossen:

Art. I.

Das bayerische Fürsorgegesetz vom 14. März 1930 (GVBl. Seite 38) wird wie folgt geändert:

1. Art. 33 Abs. I Ziff. 1 erhält folgende Fassung:

1. die Ersatzpflicht des Unterstützten und seiner Erben sowie des Ehegatten und der Eltern des Unterstützten nach §§ 25 und 25 a RFV.

2. Art. 46 erhält folgende Fassung:

I Die Beschlußfassung nach § 23 RFV. obliegt der Bezirksverwaltungsbehörde. Über Anträge der Bezirksfürsorgeverbände der kreisunmittelbaren Gemeinden beschließt der Stadtrat, über Anträge der übrigen Bezirksfürsorgeverbände das Bezirksamt. Über Anträge der Landesfürsorgeverbände beschließt die Bezirksverwaltungsbehörde des vorläufig verpflichteten Bezirksfürsorgeverbandes; hat dieser seinen Sitz nicht in Bayern, so beschließt der Stadtrat des Sitzes des Landesfürsorgeverbandes.

II Der Unterhaltspflichtige ist, soweit möglich, vor der Beschlußfassung zu hören. Die Bezirksverwaltungsbehörde beschließt endgültig vorbehaltlich des ordentlichen Rechtsweges.

3. Art. 47 erhält folgende Fassung:

I Auf Antrag des Fürsorgeverbandes können Personen, die nach §§ 25 und 25 a RFV. für Fürsorgeleistungen ersatzpflichtig sind, im Verwaltungswege zur Ersatzleistung angehalten werden; Art. 46 Abs. I gilt entsprechend.

---

*) Einkleben nach Seite 106!

II Der Ersatzpflichtige ist, soweit möglich, vor der Beschlußfassung zu hören. Die Bezirksverwaltungsbehörde beschließt endgültig vorbehaltlich des Verwaltungsstreitverfahrens nach Art. 33 Abs. I Ziff. 1.

Art. II.

Art. 10 Ziff. 6 des Verwaltungsgerichtsgesetzes in der Fassung des Art. 56 Ziff. VI des Fürsorgegesetzes vom 14. März 1930 (GVBl. Seite 38) erhält folgende Fassung:

6. Ersatzpflicht des Unterstützten und seiner Erben sowie des Ehegatten und der Eltern des Unterstützten nach §§ 25 und 25a RFV.

Art. III.

Das Gesetz ist dringend und tritt mit der Verkündung[1]) in Kraft.

---

[1]) Verkündet im GVBl. Nr. 18, ausgegeben München, den 12. April 1932

(Nr. 4110 df 1.)

c) *) Verordnung über Voraussetzung, Art und Maß der öffentlichen Fürsorge.

Vom 2. April 1932.

(GVBl. S. 198.)

Staatsministerium des Innern.

Auf Grund des § 6 der Reichsverordnung über die Fürsorgepflicht vom 13. Februar 1924 (RGBl. I S. 100) in der Fassung des Gesetzes vom 8. Juni 1926 (RGBl. I S. 255), der Zweiten Verordnung des Reichspräsidenten zur Sicherung von Wirtschaft und Finanzen vom 5. Juni 1931 (RGBl. I S. 279 und 305) und der Vierten Verordnung des Reichspräsidenten zur Sicherung von Wirtschaft und Finanzen usw. vom 8. Dezember 1931 (RGBl. I S. 688 und 724), sowie auf Grund des Art. 27 des Fürsorgegesetzes vom 14. März 1930 (GVBl. S. 38) wird folgendes verordnet:

§ 1.

Die Festsetzung von Richtsätzen für die Bemessung des notwendigen Lebensunterhalts der Hilfsbedürftigen sowie von Einkommensätzen für die Wochenfürsorge (§ 6 Abs. 2 und 3 der Reichsverordnung über die Fürsorgepflicht) obliegt für die Bezirksfürsorgeverbände der kreisunmittelbaren Gemeinden den Wohlfahrtsausschüssen, für die Bezirksfürsorgeverbände der Bezirke und der mittelbaren Gemeinden den Bezirksfürsorgeausschüssen.

§ 2.

Die Fürsorgeverbände sind verpflichtet, für die erforderliche Ausbildung hilfsbedürftiger Minderjähriger zu sorgen.

§ 3.

Den Kleinrentnern werden Personen gleichgestellt, die blind und trotz wirtschaftlicher Lebensführung auf die öffentliche Fürsorge angewiesen sind.

§ 4.

Die Verordnung tritt mit Wirkung vom 1. April 1932 in Kraft; sie tritt an die Stelle der Verordnung vom 12. April 1930 über Voraussetzung, Art und Maß der öffentlichen Fürsorge (GVBl. S. 117).

---

*) Einkleben auf Seite 132 an Stelle der V. v. 12. 4. 1930.

k) *) Verordnung über die Verhängung von Ordnungsstrafen im Fürsorgeermittlungsverfahren (§ 27 Abs. 3 RFV.).

Vom 25. April 1932. (GVBl. S. 241).

Staatsministerium des Innern.

Auf Grund des § 27 Abs. 3 der Verordnung über die Fürsorgepflicht vom 13. Februar 1924 (RGBl. I S. 100) in der Fassung des Fünften Teiles Kap. VIII Art. 1 Ziff. 16 der Zweiten Verordnung des Reichspräsidenten zur Sicherung von Wirtschaft und Finanzen vom 5. Juni 1931 (RGBl. I S. 308) wird verordnet:

§ 1.

I Gegen Arbeitgeber, die den Fürsorgestellen (§ 27 Abs. 1, § 3 und § 5 Abs. 4 RFV.) eine auf Grund des § 27 Abs. 1 Satz 4 RFV. geforderte Auskunft über Art und Dauer der Beschäftigung, über die Arbeitsstätte und über den Arbeitsverdienst eines Hilfsbedürftigen oder eines Unterhalts- oder Ersatzpflichtigen innerhalb einer ihnen gesetzten Frist von mindestens einer Woche unentschuldigt nicht erteilen, kann eine Ordnungsstrafe bis zu 150 Reichsmark verhängt werden.

II Der Arbeitgeber ist bei Anforderung der Auskunft auf die Möglichkeit der Verhängung einer Ordnungsstrafe bis zu 150 Reichsmark für den Fall unentschuldigter nicht rechtzeitiger Auskunfterteilung hinzuweisen.

§ 2.

I Die Ordnungsstrafe wird auf Antrag der Fürsorgestelle vom Bezirksamt, in kreisunmittelbaren Gemeinden vom Gemeinderat verhängt. Dem Bescheid ist eine Belehrung über das Beschwerderecht, die Beschwerdefrist, deren ausschließende Natur und über die Stelle, bei der die Beschwerde anzubringen ist, beizufügen. Die örtliche Zuständigkeit richtet sich nach dem Wohnort des Arbeitgebers.

II Gegen den Bescheid ist binnen einer ausschließenden Frist von einer Woche, von der Zustellung an gerechnet, Beschwerde zur Regierung, Kammer des Innern, zulässig. Die Beschwerde ist bei der Stelle, die die Entscheidung erlassen hat, schriftlich einzureichen oder zur Niederschrift zu erklären. Die Regierung entscheidet endgültig.

III Wird nach der rechtskräftigen Verhängung der Ordnungsstrafe der erneuten Anforderung der Auskunft nicht Folge geleistet, so kann unter Beachtung des § 1 die Ordnungsstrafe wiederholt verhängt werden. Abs. I und II finden Anwendung.

§ 3.

Für die Vollstreckung der Ordnungsstrafe gelten § 4 der Verordnung vom 23. Dezember 1914 (GVBl. S. 677) zum Vollzuge des Reichsgerichtskostengesetzes und des Kostengesetzes vom 21. August 1914 im Zusammenhalt mit dem ersten Absatz der Bekanntmachung der Staatsministerien der Justiz, des Innern und der Finanzen vom 2. April 1921 (GVBl. S. 241) zum Vollzuge des Kostengesetzes und des Stempelgesetzes in der Fassung vom 16. Februar 1921 sowie die Artikel 21 und 20 des Gemeindeabgabengesetzes vom 31. Juli 1931 (GVBl. S. 230).

---

*) Einzufügen bei S. 153.

Deckblatt. (Ausschneiden und einkleben).

Zu Seite 85:

Zum Datum des Fürsorgegesetzes: „Vom 14. März 1930" ist vorzumerken:

„Änderung durch Gesetz vom 9. April 1932 (GVBl. S. 197), abgedruckt S. 106 a."

Zu Seite 98: **Art. 33 Abs. I Ziff. 1** erhält folgende Fassung:

1. die Ersatzpflicht des Unterstützten und seiner Erben sowie des Ehegatten und der Eltern des Unterstützten nach §§ 25 und 25 a RFV.

(Fassung durch Ges. v. 9. April 1932, GVBl. S. 197, in Kraft seit 12. April 1932).

Zu Seite 101: **Art. 46** erhält folgende Fassung:

I Die Beschlußfassung nach § 23 RFV. obliegt der Bezirksverwaltungsbehörde. Über Anträge der Bezirksfürsorgeverbände der kreisunmittelbaren Gemeinden beschließt der Stadtrat, über Anträge der übrigen Bezirksfürsorgeverbände das Bezirksamt. Über Anträge der Landesfürsorgeverbände beschließt die Bezirksverwaltungsbehörde des vorläufig verpflichteten Bezirksfürsorgeverbandes; hat dieser seinen Sitz nicht in Bayern, so beschließt der Stadtrat des Sitzes des Landesfürsorgeverbandes.

II Der Unterhaltspflichtige ist, soweit möglich, vor der Beschlußfassung zu hören. Die Bezirksverwaltungsbehörde beschließt endgültig vorbehaltlich des ordentlichen Rechtsweges.

(Fassung durch Ges. v. 9. April 1932, GVBl. S. 197, in Kraft seit 12. April 1932).

Zu Seite 102: **Art. 47** erhält folgende Fassung:

I Auf Antrag des Fürsorgeverbandes können Personen, die nach §§ 25 und 25 a RFV. für Fürsorgeleistungen ersatzpflichtig sind, im Verwaltungswege zur Ersatzleistung angehalten werden; Art. 46 Abs. I gilt entsprechend.

II Der Ersatzpflichtige ist, soweit möglich, vor der Beschlußfassung zu hören. Die Bezirksverwaltungsbehörde beschließt endgültig vorbehaltlich des Verwaltungsstreitverfahrens nach Art. 33 Abs. I Ziff. 1.

(Fassung durch Ges. v. 9. April 1932, GVBl. S. 197, in Kraft seit 12. April 1932).

Zu Seite 106: **Zu Art. 56 Ziff. VI** ist vorzumerken:

Art. 10 Ziff. 6 des Verwaltungsgerichtsgesetzes in der Fassung des Art. 56 Ziff. VI des Fürsorgegesetzes vom 14. März 1930 (GVBl. Seite 38) erhält folgende Fassung:

6. Ersatzpflicht des Unterstützten und seiner Erben sowie des Ehegatten und der Eltern des Unterstützten nach §§ 25 und 25 a RFV.

(Fassung durch Art. II des Ges. v. 9. April 1932, GVBl. S. 197, in Kraft seit 12. April 1932).

Nachtrag

zur Textausgabe

Die Fürsorgegesetze

im Reich und in Bayern

mit Sachregister

von

Dr. Walther Heß

Regierungsrat I. Kl. im Staatsministerium des Innern

1930

München - Berlin - Leipzig

J. Schweitzer Verlag (Arthur Sellier)

Druck von Dr. F. P. Datterer & Cie., Freising-München

Vorwort.

Der im Vorwort der Textausgabe vorbehaltene Nachtrag der Vollzugsverordnungen und Vollzugsvorschriften wird hiemit mit kurzem Sachregister vorgelegt. Das Fürsorgerecht in Bayern ist nunmehr im wesentlichen codifiziert.

München, im Mai 1930. Dr. Heß.

Inhaltsangabe.

Berichtigung!

In **„Hess. Fürsorgegesetze“** fehlt bei Art. 53 des Bayer. Fürsorgegesetzes **(S. 65)** der nachstehende vierte Absatz:

IV Die auf Grund der Verordnung vom 12. Januar 1925 bestellten Verwaltungskörper der Fürsorgeverbände versehen die den Fürsorgeverbänden obliegenden Aufgaben bis zur Übernahme der Geschäfte durch die nach gegenwärtigem Gesetze berufenen Verwaltungskörper.

S. 31 (§ 34) fehlt nach dem Anfangswort „Ausländern“ das Wort: „i st“.

S. 66 Zeile 3 von oben ist nach den Worten „hierzu vom[1])“ einzusetzen: 14. März 1930).

1.

Verordnung über die Kriegsbeschädigten- und Kriegshinterbliebenenfürsorge.

Vom 31. März 1930.

(GVBl. S. 105).

Staatministerium des Innern.

Auf Grund der Reichsverordnung über die soziale Kriegsbeschädigten- und Kriegshinterbliebenenfürsorge vom 8. Februar 1919 (RGBl. S. 187) in der Fassung des § 34 der Reichsverordnung über die Fürsorgepflicht vom 13. Februar 1924 (RGBl. I S. 100), des Gesetzes über die Beschäftigung Schwerbeschädigter in der Fassung vom 12. Januar 1923 (RGBl. I S. 57), sowie des Art. 25 des Fürsorgegesetzes vom 14. März 1930 (GVBl. S. 38) wird verordnet:

§ 1. Die Hauptfürsorgestelle für Kriegsbeschädigte und Kriegshinterbliebene (Hauptfürsorgestelle) ist beim Staatsministerium des Innern eingerichtet. Zweigstellen der Hauptfürsorgestelle sind die bei den Regierungen, Kammern des Innern, gebildeten Kreisfürsorgestellen für Kriegsbeschädigte und Kriegshinterbliebene (Kreisfürsorgestellen).

§ 2. I Die Hauptfürsorgestelle vertritt den Staat als Landesfürsorgeverband. Ferner obliegen der Hauptfürsorgestelle und ihren Zweigstellen die Aufgaben, die nach Reichsrecht oder Landesrecht den Hauptfürsorgestellen der Kriegsbeschädigten- und Kriegshinterbliebenenfürsorge übertragen sind.

II Der Hauptfürsorgestelle obliegt die Behandlung der grundsätzlichen und wichtigen Fragen in nachstehenden Arbeitsgebieten: Durchführung des Schwerbeschädigtengesetzes, Mitwirkung beim Vollzuge des Reichsversorgungsgesetzes*) und der anderen Versorgungsgesetze, des Versorgungsverfahrensgesetzes sowie der Sozialversicherungsgesetze, Mitwirkung in der Kriegsbeschädigten- und Kriegshinterbliebenenfürsorge. Den Kreisfürsorgestellen obliegt die Behandlung der übrigen Fragen in diesen Arbeitsgebieten.

---

*) S. dazu die MinBek. v. 17. April 1930 über die Feststellung und Auszahlung der Zusatzrenten, abgedruckt unten S. 31.

§ 3. I Der Beirat besteht aus dem Leiter der Hauptfürsorgestelle, Kreisfürsorgestelle, als Vorsitzenden und je zur Hälfte aus Vertretern der Kriegsbeschädigten und Kriegshinterbliebenen sowie sozial erfahrenen Persönlichkeiten. Hierbei sollen freie Wohlfahrtspflege, Arbeitgeber und Arbeitnehmer vertreten sein.

II Die Gesamtzahl der Mitglieder soll neben dem Vorsitzenden bei der Hauptfürsorgestelle 14, bei der Kreisfürsorgestelle 8 nicht übersteigen.

III Die Hauptfürsorgestelle, Kreisfürsorgestelle, beruft die Mitglieder und deren Stellvertreter auf die Dauer von 4 Jahren. Die Verbände der in Abs. I genannten Gruppen können Vorschläge einreichen, wenn sie seit mindestens 3 Jahren im Bereiche der Hauptfürsorgestelle, Kreisfürsorgestelle, tätig sind und hier eine entsprechende Mitgliederzahl aufweisen.

IV Der Beirat bildet nach Bedarf Unterausschüsse; zu diesen können auch Nichtmitglieder des Beirats berufen werden.

V Für die Kriegsblindenfürsorge bestellt die Hauptfürsorgestelle einen Blindenfachausschuß.

VI Der Beirat wird nach Bedarf, mindestens einmal im Jahr, einberufen.

VII Die Beiratsmitglieder sind ehrenamtlich tätig. Sie erhalten bei Dienstleistungen außerhalb des Wohnortes Ersatz der notwendigen Reisekosten und des notwendigen Mehraufwandes.

§ 4. Den Beiräten obliegen, unbeschadet der Bestimmungen des Fürsorgegesetzes über Staatsaufsicht und Streitverfahren, die reichsrechtlich zugewiesenen Aufgaben. Die Beiräte sind in grundsätzlichen Fragen und bei der Aufstellung von Richtlinien der Kriegsbeschädigten- und Kriegshinterbliebenenfürsorge zu hören.

§ 5. I Die Schwerbeschädigtenausschüsse werden bei der Hauptfürsorgestelle und den Kreisfürsorgestellen gemäß § 22 des Gesetzes über die Beschäftigung Schwerbeschädigter in der Fassung vom 12. Januar 1923 (RGBl. I S. 57) und gemäß Art. 21 Ziff. VII der Personalabbauverordnung vom 27. Oktober 1923 (RGBl. I S. 99) gebildet.

II Den Schwerbeschädigtenausschüssen obliegen die reichsrechtlich zugewiesenen Aufgaben.

§ 6. I Die Aufgaben, die den amtlichen Fürsorgestellen (Art. 25 Abs. IV Satz 1 des Fürsorgegesetzes) außerhalb der Reichsverordnung über die Fürsorgepflicht obliegen, werden, mit Ausnahme des Kassenwesens, bis auf weiteres den Bezirksverwaltungsbehörden übertragen.

II Der Hauptfürsorgestelle und den Kreisfürsorgestellen steht in den Aufgaben der amtlichen Fürsorgestellen, soweit es sich nicht um solche nach der Reichsverordnung über die Fürsorgepflicht handelt, die Sachaufsicht zu.

§ 7. Die Verordnung tritt am 1. April 1930 in Kraft, gleichzeitig treten die Verordnungen vom 13. Juni 1919, 7. April 1920 und 16. März 1921 über die Kriegsbeschädigten- und Kriegshinterbliebenenfürsorge (GVBl. 1919 S. 292, 1920 S. 112, 1921 S. 99) außer Kraft.

2.

Verordnung über Voraussetzung, Art und Maß der öffentlichen Fürsorge.

Vom 12. April 1930.

(GVBl. S. 117) *).

Staatsministerium des Innern.

Auf Grund des § 6 der Reichsverordnung über die Fürsorgepflicht vom 13. Februar 1924 (RGBl. I S. 100) in der Fassung des Gesetzes vom 8. Juni 1926 (RGBl. I S. 255) und auf Grund des Art. 27 des Fürsorgegesetzes vom 14. März 1930 (GVBl. S. 38) wird folgendes verordnet:

§ 1. Voraussetzung, Art und Maß der zu gewährenden Fürsorge bestimmen sich nach den von der Reichsregierung hierfür aufgestellten Grundsätzen vom 4. Dezember 1924 (RGBl. I S. 765) in der Fassung der Verordnung vom 29. März 1928 (RGBl. I S. 138).

§ 2. Den Kleinrentnern werden gleichgestellt Personen, die durch Blindheit erwerbsunfähig geworden und trotz wirtschaftlicher Lebensführung auf die öffentliche Fürsorge angewiesen sind.

§ 3. Die Fürsorgeverbände sind verpflichtet, für die erforderliche Ausbildung hilfsbedürftiger Minderjähriger zu sorgen.

§ 4. Die Festsetzung von Richtsätzen für die Bemessung des notwendigen Lebensunterhalts der Hilfsbedürftigen sowie der Einkommenssätze für die Wochenfürsorge (§ 6 Abs. 3 und 4 der Reichsverordnung über die Fürsorgepflicht) obliegt für die Bezirksfürsorgeverbände der kreisunmittelbaren Gemeinden den Wohlfahrtsausschüssen und für die Bezirksfürsorgeverbände der Bezirke und der mittelbaren Gemeinden den Bezirksfürsorgeausschüssen.

§ 5. Als Stellen, die zur Erteilung der Zustimmung nach § 15a Satz 2 und 3 der Reichsgrundsätze über Voraussetzung, Art und Maß der öffentlichen Fürsorge vom 4. Dez. 1924 in der Fassung der Verordnung vom 29. März 1928 zuständig sind, werden bestimmt bei den Bezirksfürsorgeverbänden der Spruchausschuß, bei den Landesfürsorgeverbänden der Kreisfürsorgeausschuß.

*) Zuerst veröffentlicht im Staatsanzeiger vom 13./14. April 1930 Nr. 86.

§ 6. Die Min.Bek. vom 24. Okt. 1925 zu § 33a der Reichsgrundsätze über Voraussetzung, Art und Maß der öffentlichen Fürsorge (StAnz. Nr. 247) und die Min-Bek. vom 2. August 1928 über den Vollzug der Reichsgrundsätze über Voraussetzung, Art und Maß der öffentlichen Fürsorge (MABl. S. 74) werden aufgehoben.

(Nr. 4110 dd 60.) 3.

Vollzugsvorschriften vom 9. Mai 1930 zum Fürsorgegesetz vom 14. März 1930 — VV. z. FürsG.

(GVBl. S. 118).

Staatsministerium des Innern.

Gemäß Art. 57 des Fürsorgegesetzes — FürsG. — vom 14. März 1930 (GVBl. S. 38) werden folgende Vollzugsvorschriften erlassen:

Allgemeines.

Für die öffentliche Fürsorge sind in Bayern vom 1. April 1930 an folgende Reichs- und Landesvorschriften maßgebend:

A. Reichsrecht.

1. Die Reichsverordnung über die Fürsorgepflicht — RFV. — vom 13. Februar 1924 (RGBl. I S. 100) mit den Änderungen und Ergänzungen des Reichsgesetzes vom 8. Juni 1926 über Abänderung der Reichsverordnung über die Fürsorgepflicht (RGBl. I S. 255);
2. §§ 37 bis 57 und § 58 Abs. 2 des Gesetzes über den Unterstützungswohnsitz in der Fassung vom 30. Mai 1908 (RGBl. S. 381) — aufrechterhalten durch § 29 RFV. Hierzu das Reichsgesetz über das Verfahren vor dem Bundesamt für das Heimatwesen vom 7. Dezember 1928 (RGBl. I S. 101), das zu den §§ 49 und 50 Abs. 1 UWG. Änderungen trifft;
3. das Reichsversorgungsgesetz in der Fassung vom 22. Dezember 1927 (RGBl. I S. 515) — §§ 3 Ziff. 2, 21 bis 23 —, das Altrentnergesetz in der Fassung vom 22. Dezember 1927 (RGBl. I S. 531), das Kriegspersonenschädengesetz in der Fassung vom 22. Dezember 1927 (RGBl. I S. 533);
4, das Reichsgesetz über die Beschäftigung Schwerbeschädigter in der Fassung vom 12. Januar 1923 (RGBl. I S. 57) mit den Änderungen nach
   a) Art. 21 Ziff. VII und VIII der Personalabbauverordnung vom 27. Oktober 1923 (RGBl. I S. 999);
   b) § 33 RFV.;

c) Art. I des Reichsgesetzes vom 8. Juli 1926 (RGBl. I S. 398);
d) § 114 des Arbeitsgerichtsgesetzes vom 23. Dezember 1926 (RGBl. I S. 507);
e) § 246 des Reichsgesetzes über die Arbeitsvermittlung und Arbeitslosenversicherung in der Fassung vom 12. Oktober 1929 (RGBl. I S. 162);

5. die Reichsverordnung über die soziale Kriegsbeschädigten- und Kriegshinterbliebenenfürsorge vom 8. Februar 1919 (RGBl. S. 187) mit den Änderungen des § 34 RFV.;
6. die Reichsverordnung über die Auflösung der Flüchtlingslager vom 17. Dezember 1923 (RGBl. I S. 1202) in der Fassung des § 32 Abs. 4 RFV.;
7. die Reichsgrundsätze über Voraussetzung, Art und Maß der öffentlichen Fürsorge vom 4. Dezember 1924 (RGBl. I S. 765) mit den Änderungen nach der Verordnung vom 29. März 1928 (RGBl. I S. 138);
8. die Erläuterungen des Reichsarbeits- und des Reichsinnenministeriums vom 13. Dezember 1924 zu den Reichsgrundsätzen (abgedruckt MABl. 1925 S. 1).

B. Landesrecht.

9. Das Fürsorgegesetz vom 14. März 1930 (GVBl. S. 38);
10. die Verordnung über Voraussetzung, Art und Maß der öffentlichen Fürsorge vom 12. April 1930 (GVBl. S. 117);
11. die Verordnung über die Kriegsbeschädigten- und Kriegshinterbliebenenfürsorge vom 31. März 1930 (GVBl. S. 105);
12. die Bekanntmachung des Staatsministeriums des Innern vom 17. April 1930 über die Feststellung und Auszahlung der Zusatzrenten (MABl. S. 10);
13. die gegenwärtigen allgemeinen Vollzugsvorschriften zum Fürsorgegesetze.

I. Fürsorgeverbände.

Zu Art. 1—4 FürsG.

§ 1. I In Art. 1 FürsG. werden für den Bereich der Bezirke die gesonderten Bezirksfürsorgeverbände des Bezirks und der mittelbaren Gemeinden (Ortsfürsorgeverbände) aufrechterhalten. Art. 1 Abs. II FürsG. grenzt in Satz 1 bestimmter als dies in Art. 3 Abs. II vorl. AusfV.z.RFV. vom 27. März 1924 geschehen war, die Zuständigkeit des Bezirksfürsorgeverbandes und der Ortsfürsorgeverbände auf dem Gebiete der Minderjährigenfürsorge ab. Die Fürsorge für Minderjährige obliegt den Ortsfürsorgeverbänden nur insoweit, als für die Minderjährigen nicht eine Fürsorge nach § 1 Abs. 1 RFV. — also insbesondere die Kriegsbeschädigten- oder Kriegshinterbliebenenfürsorge — Platz greift, die nach der Regel des Art. 1 Abs. I FürsG. dem Bezirksfürsorgeverbande des Bezirks obliegt. Art. 1 Abs. II Satz 2 trägt sodann den Schwierigkeiten Rechnung, die sich daraus ergeben, daß die Reichsverordnung über die Fürsorgepflicht den Grundsatz der armenrechtlichen Familiengemeinschaft aufgegeben hat, und sich unter ihrer Herrschaft die Zuständigkeit des Fürsorgeverbandes auch bei der gleichzeitigen Unterstützung mehrerer einem Familienverband angehöriger Personen nach den Verhältnissen des einzelnen Familienangehörigen bemißt. Dies könnte sich bei der Bestellung besonderer Bezirksfürsorgeverbände für die Bezirke und die mittelbaren Gemeinden nach den Gruppen der Hilfsbedürftigen dahin auswirken, daß bei örtlich gleicher Zuständigkeit für ein Familienmitglied der Bezirksfürsorgeverband des Bezirks, für die übrigen Familienmitglieder der Bezirksfürsorgeverband der mittelbaren Gemeinde einzutreten hätte (VGHE. Bd. 49 S. 86). Um dem vorzubeugen, wird bestimmt, daß die in Wohnung und Haushalt zusammenlebenden Familienmitglieder ausnahmslos vom Bezirksfürsorgeverbande des Bezirks zu betreuen sind, wenn in der Person eines Ehegatten oder Elternteils die Voraussetzungen der Kriegsbeschädigten- und Kriegshinterbliebenenfürsorge, der Sozial- und Kleinrentnerfürsorge (§ 1 Abs. 1 Buchst. a bis c RFV.) erfüllt sind. Zu den Familienmitgliedern in diesem Sinne zählen Ehegatten und Verwandte auf- und absteigender Linie. Werden Gruppen von Hilfsbedürftigen nach § 17 der Reichsgrundsätze über Voraussetzung, Art und Maß der öffentlichen Fürsorge vom 4. Dezember 1924 den Kleinrentnern gleichgestellt, wie dies in § 2 der Verordnung über Voraussetzung, Art und Maß der öffentlichen Fürsorge vom 12. April 1930 (GVBl. S. 117) für die Blinden geschieht, so zählen diese zu den den Kleinrentnern „Gleichstehenden" im Sinne des § 1 Abs. 1 Buchst. c RFV., für die der Bezirksfürsorgeverband des Bezirks nach der Regel des Art. 1 Abs. I FürsG. einzutreten hat.

II Für Fürsorgefälle, die in abgesonderten Markungen nach Art. 4 GO. anfallen, hat, soweit die Zuständigkeit des Bezirksfürsorgeverbandes in Frage kommt, der Bezirksfürsorgeverband des Bezirkes einzutreten, auch wenn es sich um einen Fall der allgemeinen (Armen-) Fürsorge handelt (Begründung zum Regierungsentwurf, S. 15, Ziff. 5 zu Art. 1).

III Bei den Landtagsverhandlungen über den Gesetzentwurf wurde eingehend erwogen, die Minderjährigenfürsorge — allgemein oder wenigstens die Gesundheits- und Erziehungsfürsorge für Minderjährige — den Bezirksfürsorgeverbänden der Bezirke zu überbürden. Die einschlägigen Anträge fanden keine Mehrheit, einmal weil damit die durch Art. 1 Abs. II Satz 2 FürsG. gewährleistete Zuständigkeit eines Fürsorgeverbandes für die gesamte Familie wieder verloren ginge, sodann in Rücksicht auf die damit verbundene Verschiebung und Vermehrung der Fürsorgekosten. Hierzu wird darauf hingewiesen, daß es nach § 4 des Reichsgesetzes für Jugendwohlfahrt vom 9. Juli 1922 Aufgabe der Jugendämter ist, für alle Gruppen der Jugendlichen die erforderlichen Einrichtungen und Veranstaltungen der Fürsorge anzuregen, zu fördern und gegebenenfalls zu schaffen. Wenn auch die Bezirke als Träger der Bezirksjugendämter in Rücksicht auf die Bestimmung des Art. 1 Ziff. 4 der Reichsverordnung über das Inkrafttreten des Reichsgesetzes für Jugendwohlfahrt vom 14. Februar 1924 (RGBl. I S. 110) vorerst zu eigenen Aufwendungen hierfür nicht verpflichtet sind, so bleibt es doch Aufgabe der Bezirksjugendämter, insbesondere im Zusammenwirken mit der freien Wohlfahrtspflege (§ 6 RJWG.) der Gesundheits- und Erziehungsfürsorge der Jugendlichen ihr besonderes Augenmerk zuzuwenden und darnach zu trachten, für diese Aufgabengebiete nach Möglichkeit auch freiwillige Leistungen der Bezirke zu erwirken. Auch die Reichsrichtlinien über Gesundheitsfürsorge in der versicherten Bevölkerung vom 27. Februar 1929 (RGBl. I S. 69) und die Min.Bek. vom 27. Februar 1930 betr. Heilfürsorge für Kinder und Jugendliche (StAnz. Nr. 52) zeigen Mittel und Wege zur Förderung der Gesundheitsfürsorge Jugendlicher. Die Bezirksjugendämter werden angewiesen, den Ausbau der Gesundheits- und der Erziehungsfürsorge auf diesem Weg möglichst zu fördern.

§ 2. I Gehört eine kreisunmittelbare Gemeinde dem Bezirk an, so bilden die kreisunmittelbare Gemeinde und der Bezirk für die übrigen Gemeinden mit Ausschluß der kreisunmittelbaren Gemeinde je einen gesonderten Bezirksfürsorgeverband. Die Bezirkstagsmitglieder, die in der kreisunmittelbaren Gemeinde ihren Wohnsitz haben, können nicht in den Bezirksfürsorgeausschuß berufen werden und in Angelegenheiten des Bezirksfürsorgeverbandes des Bezirkes nicht an der Beschlußfassung des Bezirkstags und Bezirksausschusses teilnehmen — Art. 2 FürsG. Dagegen können als Vertreter der freien Wohlfahrtspflege und der Kriegsbeschädigten und Kriegshinterbliebenen in den Bezirksfürsorgeausschuß zufolge Art. 17 Abs. II FürsG. auch Personen berufen werden, die in der zum Bezirke gehörigen kreisunmittelbaren Gemeinde ihren Wohnsitz haben. Das Gleiche gilt für die Vertreter der Fürsorgeberechtigten nach Art. 17 Abs. II mit Art. 13 Abs. IV FürsG.

II Bei Verhandlungen über Verleihung der Kreisunmittelbarkeit an eine Gemeinde, die im Bezirke verbleiben soll, oder bei Aufnahme einer kreisunmittelbaren Gemeinde in einen Bezirk sind die Bezirksfürsorgeverbandsverhältnisse nach Maßgabe des Art. 2 Abs. II FürsG. mitzuberücksichtigen.

§ 3. I Der Zusammenschluß von Gemeinden und von Bezirken zu gemeinsamer Erfüllung ihrer Fürsorgeaufgaben in der Form eines Gesamtbezirksfürsorgeverbandes ist in Art. 3 FürsG. nach den Grundsätzen des gemeindlichen Zweckverbandsrechtes vorgesehen. Die Bildung von Gesamtbezirksfürsorgeverbänden wird insbesondere für kleine mittelbare Gemeinden, deren allgemeine Zusammenlegung nicht zu erreichen ist, zur Erwirkung einer erhöhten Leistungsfähigkeit in Frage kommen.

II Die Errichtung, Änderung und Auflösung von Gesamtbezirksfürsorgeverbänden wird öffentlich bekanntgegeben.

II. Aufgaben der Fürsorgeverbände, Entlastung der Fürsorgeverbände, Leistungen des Staates.

Zu Art. 5—12 FürsG.

§ 4. I Der nach § 12 Abs. 5 und § 13 RFV. zur Fürsorge für deutsche Rückwanderer und Ausländer im Inlande vorläufig verpflichtete oder gemäß Art. 7 Abs. I FürsG. mit der Fürsorge betraute Fürsorgeverband fordert den Kostenersatz für seine Fürsorgeleistungen unter Vorlage der erwachsenen Verhandlungen beim endgültig verpflichteten Landesfürsorgeverband an. Die Landesfürsorgeverbände oder ihre Vereinigungen können zur Geschäftsvereinfachung für die Kostenanforderung Formblätter oder Termine vorschreiben.

II Die Landesfürsorgeverbände prüfen die Anforderungen und pflegen die zur Klarstellung der Sach- und Rechtsverhältnisse erforderlichen Erhebungen mit den Bezirksfürsorgeverbänden und sonstigen Stellen. Nach Abschluß dieser Verhandlungen tragen sie die anerkannten Forderungen in eine Liste ein und leiten diese in dreifacher Ausfertigung an die Kreisregierung. Das Formblatt für die Liste wird im Benehmen mit der Kreisregierung, der Landesfinanzamtszweigstelle und der Kreiskasse festgelegt. Die Vereinigung der Landesfürsorgeverbände kann im Benehmen mit den genannten Stellen ein gleichheitliches Formblatt für die acht Landesfürsorgeverbände bestimmen. Zur Ermöglichung einer leichteren Übersicht sind in der Liste die Bezirksfürsorgeverbände der kreisunmittelbaren Städte, dann die Bezirksfürsorgeverbände der Bezirke und sodann die Ortsfürsorgeverbände je in alphabetischer Reihenfolge und bei jedem Fürsorgeverbande die einzelnen Fälle möglichst ebenfalls in alphabetischer Reihenfolge aufzuführen.

III Die Kreisregierung überprüft die Liste, behebt etwaige Anstände auf kürzestem Wege, setzt im Einvernehmen mit der Landesfinanzamtszweigstelle, die einen Abdruck der Liste zu ihren Akten erhält, die staatliche Ersatzleistung nach Art. 5 Abs. VI FürsG. fest und weist die Kreiskasse unter Beigabe eines Abdrucks der Liste an, den festgesetzten Betrag an den Kreis als Landesfürsorgeverband auszubezahlen und die Ausgabe auf den einschlägigen Titel der Staatshaushaltrechnung zu verrechnen. Der Landesfürsorgeverband erhält von der Kreisregierung Mitteilung von der erfolgten Zahlungsanweisung für den staatlichen Kostenersatz. Die Kreiskasse leistet auf Grund der Liste — unter Abrechnung etwa gewährter Vorschüsse — Zahlung an die Bezirksfürsorgeverbände, verausgabt den Gesamtbetrag für Rechnung des Kreises, verausgabt die staatliche Ersatzleistung in der

Staatshaushaltrechnung und vereinnahmt sie für Rechnung des Kreises als Landesfürsorgeverbandes.

IV Die Kreisregierung wird im angemessenen Umfang — insbesondere auch zur Förderung einer sachgemäßen und sparsamen Durchführung der Fürsorge — die in der Liste verrechneten Fürsorgefälle nachprüfen; bei der Vorlage der Verrechnungslisten werden in der Regel keine Akten des Landesfürsorgeverbandes beigegeben. Die Kreisregierung erholt sich die gewünschten Akten beim Landesfürsorgeverbande. Durch die Prüfung sollen die Zahlungsleistungen der Kreiskasse nicht verzögert werden.

V Der Unterstützungsaufwand, welcher der Ersatzleistung des Staates nach Art. 5 Abs. VI FürsG. zugrunde zu legen ist, begreift den Aufwand, der sich nach Abzug dessen ergibt, was der Hilfsbedürftige selbst leistet, was seine Angehörigen auf Grund gesetzlicher Verpflichtung oder freiwillig leisten und was von sonstigen Verpflichteten (Versicherungseinrichtungen, Haftpflichtigen usw.) aus dem Nachlaß oder aus sonstigen Quellen (Leistung des Heimatstaates, des heimatlichen Fürsorgeverbandes usw.) zur Verfügung steht. Soweit solche Leistungen bei Aufstellung der Verrechnungsliste bereits eingegangen sind, sind sie in dieser beim einzelnen Fürsorgefalle vorzutragen. Soweit sie nachträglich einkommen, ist der Ausgleich zugunsten des Staates nachträglich mit der Kreiskasse zu ordnen.

VI Ist das Land Bayern von der Reichsregierung oder der von ihr bestimmten Stelle für einen einzelnen Fall gemäß § 12 Abs. 2 RFV. als endgültig verpflichtet erklärt, so legt der vom Staatsministerium des Innern nach Art. 5 Abs. IV FürsG. mit der endgültigen Fürsorge betraute Landesfürsorgeverband die Kostenrechnung dem Staatsministerium des Innern vor, das den Kostenersatz bei der zuständigen Reichsstelle anfordert. Die Anforderungen sind bei einmaligen Unterstützungen nach Beendigung des Fürsorgefalles, bei fortdauernder Unterstützung halbjährlich einzureichen. Das Staatsministerium des Innern wird den vom Reich überwiesenen Kostenersatz der Kreiskasse zur Verrechnung für den Kreis als Landesfürsorgeverband überweisen und den Landesfürsorgeverband von der Überweisung verständigen.

§ 5. I Die Landesfürsorgeverbände und die Bezirksfürsorgeverbände haben bei der Betreuung der deutschen Rückwanderer, der Ausländer im Inlande (§ 12 Abs. 2 und 3, § 13 RFV.), aber auch der Landeshilfsbedürftigen im Sinne des § 7 Abs. 2 zweiter Halbsatz, der §§ 8 und 9 RFV. zu einer möglichst sachgemäßen und sparsamen Gestaltung der Fürsorge zusammenwirken. Dabei bemißt sich der Umfang der Fürsorge für Ausländer nach § 34 der Reichsgrundsätze über Voraussetzung, Art und Maß der öffentlichen Fürsorge vom 4. Dezember 1924. Der Bezirksfürsorgeverband darf sich durch den Umstand, daß er vom Landesfürsorgeverbande Kostenersatz erhält und nicht endgültig verpflichtet ist, nicht zu unwirtschaftlichen Ausgaben verleiten lassen und er hat über die zu treffenden Maßnahmen so sorgsam zu entscheiden wie in eigenen Angelegenheiten. Der Landesfürsorgeverband darf sich anderseits nicht darauf beschränken, als Verrechnungsstelle zwischen Bezirksfürsorgeverband, Landesfürsorgeverband und Staat tätig zu werden. Beide sollen von Anfang an darauf bedacht sein, den Hilfsbedürftigen tunlichst in den Stand zu setzen, sich und seinen unterhaltsberechtigten Angehörigen den Lebensbedarf selbst zu beschaffen, der Notlage nachhaltig entgegenzuwirken und zu verhüten, daß vorübergehende Not zu dauernder wird. Alle Möglichkeiten zur Entlastung der Fürsorge sind zu prüfen und zu verfolgen, soziale Versicherungsansprüche sind zur Geltung zu bringen, Angehörige sind nach Möglichkeit zu Unterhaltsleistungen heranzuziehen, die Hilfeleistung des Heimatstaates oder des heimatlichen Fürsorgeverbandes ist anzustreben. In veranlaßten Fällen ist auf die Wegweisung hinzuwirken.

II Den Bezirksfürsorgeverbänden wird empfohlen, die Anmeldung des Kostenersatzanspruches nach § 18 RFV. möglichst frühzeitig zu erstatten. Sie sollen sich bei der Anzeige nach § 18 RFV., bei der Rechnungsstellung usw. darüber äußern, ob es sich nur um eine vorübergehende Hilfeleistung handelt oder ob mit einer dauernden Belastung zu rechnen ist und welche Maßnahmen vom Standpunkte sachgemäßer, aber auch sparsamer Fürsorge veranlaßt erscheinen. Bei fortdauernder Fürsorge sollen sie sich ständig über die Verhältnisse des Hilfsbedürftigen auf dem Laufenden halten und von sich aus in Zusammenarbeit mit dem Landesfürsorgeverbande die im Interesse des Hilfsbedürftigen wie des Fürsorgeträgers gelegenen Maßnahmen veranlassen.

§ 6. I Art. 6 FürsG. regelt auf Grund des § 2 Abs. 5 RFV. den Übergang der Anstaltsfürsorge für bestimmte Gruppen Hilfsbedürftiger vom Bezirksfürsorgeverband auf den Landesfürsorgeverband. Gegenüber dem bisherigen Rechte des Art. 58 ArmGes. und Art. 6 vorl. Ausf.V.z.RFV. kommen folgende Änderungen in Betracht:

a) Für die in Abs. I Ziff. 1 benannten Hilfsbedürftigen hat der Landesfürsorgeverband einzutreten, nicht nur soweit sie der „Anstaltspflege" bedürfen, d. h. einer nach Umfang und Erfahrung besonders gearteten Pflege und Behandlung, wie sie außerhalb einer Anstalt regelmäßig nicht möglich und nicht üblich ist, sondern auch dann, wenn sie wegen besonderer in *ihrer Person* begründeter Verhältnisse der Versorgung in einer Anstalt bedürfen. Die Anstaltsversorgungsbedürftigkeit ist demnach gegeben einmal, wenn Anstalts*pflege*bedürftigkeit im Sinne des bisherigen Rechts vorliegt, des weiteren aber auch, wenn die geordnete Versorgung des Hilfsbedürftigen außerhalb einer Anstalt aus Verhältnissen, die in *seiner Person* gelegen sein müssen, nicht tunlich ist. Hierher gehören z. B., wie die amtliche Begründung zum Regierungsentwurf auf S. 19 ausführt, Leute, die wegen der besonderen Art ihrer Krankheit oder ihres Gebrechens praktisch niemand nimmt, Personen mit ekelerregendem Äußern, besonders unreinliche, boshafte und bösartige Menschen, von denen Bosheits- und Racheakte mit schweren Folgen zu befürchten sind usw.

b) Die Übernahmepflicht des Landesfürsorgeverbandes ist wie bisher vom Übernahmeantrage des Bezirksfürsorgeverbandes abhängig. Sie beginnt wie bisher mit dem Eingange des mit den erforderlichen Nachweisen belegten Antrags beim Landesfürsorgeverbande. Nach bisherigem Rechte begann die Übernahmepflicht im Falle der Nachlieferung der Belege erst mit dem Eingange der Belege. Nach Art. 6 Abs. II FürsG. können in Fällen sofortiger Anstaltsunterbringung die Belege innerhalb eines Monats mit der Wirkung nachgebracht werden, daß der Übergang der Fürsorge mit dem Eingang des Übernahmeantrags beim Landesfürsorgeverband eintritt.

c) Der Anstaltsaufenthalt zur Beobachtung und Untersuchung gilt dem Versorgungsaufenthalt gleich, wenn er zum Nachweise der Voraussetzung der Übernahmepflicht für den Landesfürsorgeverband führt.

II Die gesetzliche Fürsorge des Landesfürsorgeverbandes beschränkt sich in den Übernahmefällen auf die Anstaltsfürsorge. Sie umfaßt den gesamten Aufwand, der durch den notwendigen Aufenthalt des Gebrechlichen in der Anstalt erwächst.

III Der reine Unterstützungsaufwand, welcher der Ersatzleistung des Bezirksfürsorgeverbandes nach Art. 6 Abs. V FürsG. zugrunde zu legen ist, umfaßt den Aufwand, der sich nach Abzug dessen ergibt, was der Hilfsbedürftige selbst leistet, was seine Angehörigen gesetzlich oder freiwillig zahlen und was von sonstigen Verpflichteten (Versicherungseinrichtungen, Haftpflichtigen usw.), aus dem Nachlaß oder aus sonstigen Quellen zur Verfügung steht. Diese Beträge dürfen nicht auf den Anteil des Bezirksfürsorgeverbandes allein angerechnet werden, sondern sie sind von den gesamten Kosten abzuziehen, haben also dem Bezirksfürsorgeverband und dem Landesfürsorgeverbande anteilmäßig zugute zu kommen. Nachträgliche Leistungen sind in gleicher Weise zu behandeln.

IV Die Landesfürsorgeverbände können mit Genehmigung des Staatsministeriums des Innern nach Art. 6 Abs. IV weitere Fürsorgeaufgaben übernehmen. Hierher gehören die Krüppelfürsorge außerhalb der Anstalten, die psychiatrische Außenfürsorge, die Berufsausbildung spät Erblindeter usw. Die Übernahmemöglichkeit ist nicht nur auf die gesetzlichen Aufgaben der Bezirksfürsorgeverbände, sondern zur Ermöglichung eines Ausbaues der Tätigkeit der Landesfürsorgeverbände auf alle Gebiete der Fürsorge erstreckt. Die durch freiwillige Leistungen der Landesfürsorgeverbände in ihrem Pflichtaufgabengebiet entlasteten Bezirksfürsorgeverbände haben nach Art. 6 Abs. V FürsG. dem Landesfürsorgeverbande mindestens ein Viertel des reinen Fürsorgeaufwandes zu erstatten.

§ 7. Die Grundsätze über die Zuschußleistungen der Landesfürsorgeverbände an unverhältnismäßig belastete leistungsschwache Bezirksfürsorgeverbände und die Grundsätze über die Verteilung der Staatszuschüsse an die Landesfürsorgeverbände (Art. 8 Abs. II und 9 FürsG.) werden in Rücksicht auf die Möglichkeit und Notwendigkeit zeitweiser Änderungen gesondert erlassen.

§ 8. Art. 10 FürsG. ersetzt den Art. 34 ArmGes., der die Ortsarmenverbände verpflichtete, die für die örtliche Armenpflege notwendigen Einrichtungen zu treffen und für deren Erhaltung zu sorgen. Die Vorschrift ist notwendig, weil Art. 28 GO. eine Verbindlichkeit der Gemeinden zur Schaffung und Unterhaltung von Fürsorgeeinrichtungen nicht enthält im Gegensatze zu den Bestimmungen des Art. 2 Ziff. 1, 4 und 9 BezO. und des Art. 2 Ziff. 1 bis 4 KrO., die die Bezirke und Kreise zur Schaffung und Unterhaltung von bestimmten Kranken- und Pflegeanstalten verpflichten. Mit dieser Bestimmung werden insbesondere für die Ortsfürsorgeverbände der mittelbaren Gemeinden die Armenhäuser sichergestellt, die in kleineren Gemeinden und auf dem Land insoweit zur Unterbringung von Familien nicht entbehrt werden können, als nicht eine anderweitige Unterbringungsmöglichkeit sichergestellt ist.

§ 9. Während Art. 3 FürsG. den Zusammenschluß von Bezirksfürsorgeverbänden in der Form gemeindlicher Zweckverbände zu Gesamtbezirksfürsorgeverbänden zur gemeinsamen Durchführung der gesamten ihnen obliegenden Fürsorge vorsieht, läßt Art. 11 FürsG. den Zusammenschluß von Bezirks- und Landesfürsorgeverbänden zu Zweckverbänden für Erfüllung einzelner Aufgaben zu. In Betracht kommt insbesondere die Schaffung gemeinsamer Einrichtungen und Fürsorgeanstalten.

§ 10. Die nach Art. 12 Abs. I mit Art. 4 FürsG. dem Staat obliegende Beteiligung an der Kriegsbeschädigten- und Kriegshinterbliebenenfürsorge wird durch die Hauptfürsorgestelle und die Kreisfürsorgestelle für Kriegsbeschädigte und Kriegshinterbliebene ausgeübt — Art. 25 FürsG. und Verordnung vom 31. März 1930 (GVBl. S. 105).

III. Verwaltung der Fürsorgeverbände.

Zu Art. 13—20 FürsG.

§ 11. Die Wohlfahrtsausschüsse der Bezirksfürsorgeverbände der kreisunmittelbaren Gemeinden und die Ortsfürsorgeausschüsse der Ortsfürsorgeverbände sind beschließende Ausschüsse im Sinne des Art. 22 Abs. II GO., die Bezirksfürsorgeausschüsse der Bezirksfürsorgeverbände der Bezirke besondere Ausschüsse nach Art. 24 BezO. und die Kreisfürsorgeausschüsse besondere Ausschüsse nach Art. 27 KrO. — Art. 13, 19, 17 und 20 FürsG. Die Ausschüsse sind sofort nach dem Inkrafttreten des Fürsorgegesetzes und künftig jeweils nach der Neuwahl der Gemeinderäte, Bezirkstage und Kreistage zu berufen.

§ 12. I Für die Bestellung der Wohlfahrtsausschüsse (Art. 13 FürsG.) ist folgendes zu beachten:

a) Vorsitzender des Wohlfahrtsausschusses ist der erste Bürgermeister — Art. 22 Abs. V Satz 3 GO. Für die Stellvertretung des Vorsitzenden gilt Art. 18 GO. entsprechend.

b) Die Zahl der in den Wohlfahrtsausschuß abzuordnenden Stadtratsmitglieder bestimmt sich nach der Geschäftsordnung, der Stadtrat ordnet die Mitglieder ab — Art. 22 Abs. IV, Art. 16 GO.

c) Der Bezirksarzt, der im Gemeindebezirke seinen Sitz hat, gehört kraft Amtes dem Wohlfahrtsausschuß an. Haben mehrere Bezirksärzte im Gemeindebezirk ihren Sitz, so ersucht der Stadtrat ihre vorgesetzte Dienstbehörde um Benennung des Mitgliedes. Der Vertreter im Hauptamte vertritt den Bezirksarzt auch im Wohlfahrtsausschusse.

d) Kommt von den in Art. 13 Abs. I Ziff. 2 FürsG. vorgesehenen Bekenntnissen nur ein Pfarrer in Betracht, so ist dieser kraft seines Amtes Mitglied des Wohlfahrtsausschusses. Kommen mehrere Pfarrer desselben Bekenntnisses in Frage, so ist um Abordnung des katholischen Pfarrers das erzbischöfliche oder bischöfliche Ordinariat, um Abordnung des evangelisch-lutherischen Pfarrers in Bayern r. d. Rh. der Evangelisch-Lutherische Landeskirchenrat in München, um Abordnung des reformierten Pfarrers in Bayern r. d. Rh. das Moderamen der Reformierten Synode in Erlangen und um Abordnung des Pfarrers der Vereinigten protestantisch-evangelisch-christlichen Kirche der Pfalz der Protestantische Landeskirchenrat der Pfalz in Speyer zu ersuchen. Als Pfarrer gelten auch die hauptamtlich angestellten Hauptprediger der Evangelisch-lutherischen Kirche in Bayern r. d. Rh. Gehört ein Bezirksfürsorgeverband mehreren Diözesen an, so ist das Ordinariat der Diözese um die Bestimmung des Pfarrers zu ersuchen, zu der der größere Teil des Fürsorgeverbandes gehört. Es bleibt den beteiligten Ordinariaten unbenommen, sich über die Abordnung des Pfarrers zu einigen.

II Der dem Wohlfahrtsausschuß angehörige Pfarrer wird im Verhinderungsfall im Wohlfahrtsausschusse regelmäßig durch seinen Stellvertreter im kirchlichen Amte vertreten. Die kirchliche Oberbehörde kann ausnahmsweise die Stellvertretung anders regeln. Von einer anderen Regelung verständigt die kirchliche Oberbehörde den Wohlfahrtsausschuß und die Staatsaufsichtsbehörde des Bezirksfürsorgeverbandes.

§ 13. I Die Berufung der dem Wohlfahrtsausschusse nach Art. 13 Abs. I Ziff. 4 FürsG. angehörigen Vertreter der Vereinigungen der freien Wohlfahrtspflege erfolgt auf Vorschlag der Vereinigungen. Ergibt sich bei der Berechnung der Sitze nach Art. 13 Abs. I Ziff. 4 FürsG. der Bruchteil eines Sitzes, so ist dieser zugunsten der freien Vereinigungen auf einen vollen Sitz aufzurunden.

II Vorschlagsberechtigt sind Vereinigungen der freien Wohlfahrtspflege, die sich seit mindestens drei Jahren mit Wohlfahrtspflege im Gemeindebezirke befassen und eine entsprechende Zahl von Mitgliedern aufweisen. Die Vereinigungen müssen im Gemeindebezirke wohlfahrtspflegerisch tätig sein, auch wenn sie außerhalb desselben ihren Sitz haben; sie müssen im Zeitpunkte der Bildung des Wohlfahrtsausschusses eine mindestens dreijährige Tätigkeit im Fürsorgeverbandsbezirk und eine entsprechende Zahl von Mitgliedern aufweisen. Als der Zahl nach entsprechend ist ein Mitgliederstand anzusehen, der durch persönliche Tätigkeit oder geldliche Beiträge die wohlfahrtspflegerische Betätigung der Vereinigung im Fürsorgeverbande zureichend und auf Dauer gewährleistet. Mehrere vorschlagsberechtigte Vereinigungen können sich zu einem gemeinsamen Vorschlage zusammenschließen.

III Der Stadtrat erläßt im Amtsblatt eine öffentliche Aufforderung an die Vereinigungen der freien Wohlfahrtspflege zur Einreichung von Vorschlägen. Die Bekanntmachung hat die Voraussetzung für die Berechtigung zum Vorschlage, die Zahl der nach den Vorschlägen zu besetzenden Sitze im Wohlfahrtsausschuß und die Aufforderung zur Einreichung von Vorschlägen binnen einer ausschließenden Frist von vierzehn Tagen, gerechnet von der Ausgabe des Amtsblattes an, zu enthalten. Jede Vereinigung kann höchstens so viele Personen vorschlagen, als Mitglieder nach Vorschlägen der Vereinigungen zu berufen sind. Die vorgeschlagenen Personen müssen die Voraussetzungen nach Art. 13 Abs. V Satz 2 und 3 FürsG. erfüllen. Für jede als Mitglied vorgeschlagene Person ist ein Stellvertreter zu benennen. Die vorgeschlagenen Personen sind in einer für die Berufung verbindlichen Reihenfolge aufzuführen. Auch auf diese Punkte ist in der Bekanntmachung hinzuweisen.

IV Nach Eingang der Vorschläge soll, wenn dies sachdienlich erscheint, mit den Vereinigungen, die Vorschläge eingereicht haben, eine Verhandlung über die gütliche Verteilung der durch Vertreter der Vereinigungen zu besetzenden Sitze geführt werden. Der Stadtrat kann hierzu Stadtratsmitglieder abordnen. Die Berufung der Mitglieder erfolgt durch den Stadtrat. Die Vorschläge sind nach Umfang und Bedeutung des Wirkens der einzelnen mit Vorschlägen vertretenen Vereinigungen zu berücksichtigen. Der Stadtrat ist innerhalb der einzelnen Vorschlagslisten an die von der Vereinigung getroffene Reihenfolge gebunden; er soll von einer nach Satz 1 erzielten Einigung unter den Verbänden nur bei Vorliegen besonderer Gründe abweichen.

V Vom Ergebnisse der Berufung sind die berufenen Mitglieder und alle Vereinigungen, die Vorschläge eingereicht haben, zu verständigen. Den Vereinigungen, deren Vorschläge nicht oder nicht vollständig berücksichtigt wurden, steht binnen vierzehn Tagen, von der Zustellung der Entscheidung des Stadtrats an gerechnet, die Beschwerde zur Kreisregierung offen. Mit der Verständigung ist eine Beschwerdebelehrung zu verbinden. Die Beschwerde ist beim Stadtrat einzureichen; sie hat keine aufschiebende Wirkung. Die Kreisregierung entscheidet endgültig.

VI Kommen keine oder nur verspätete Vorschläge ein oder sind die mit Vorschlägen vertretenen Vereinigungen nicht vorschlagsberechtigt oder erfüllen die vorgeschlagenen Vertreter nicht die Voraussetzung zur Berufung (Art. 13 Abs. V Satz 2 und 3 FürsG.), so beruft der Stadtrat die Vertreter der Vereinigungen der freien Wohlfahrtspflege nach freiem Ermessen.

VII Für jeden Vertreter ist ein Stellvertreter zu berufen. Der Stellvertreter leistet bei Verhinderung des ordentlichen Ausschußmitgliedes Dienst im Wohlfahrtsausschusse. Scheidet ein Vertreter während der Wahlzeit aus, so ist ein anderer zu berufen, wenn der Wohlfahrtsausschuß dies für veranlaßt erklärt. War das ausgeschiedene Mitglied nach Vorschlag einer Vereinigung berufen, so ist diese aufzufordern, binnen einer ausschließenden Frist von vierzehn Tagen einen Vorschlag einzureichen. Das gleiche gilt für die Stellvertreter.

§ 14. Für die Berufung der zum Wohlfahrtsausschusse nach Art. 13 Abs. III FürsG. beizuziehenden Vertreter der Kriegsbeschädigten und Kriegshinterbliebenen gelten die Bestimmungen des § 13 entsprechend.

§ 15. I Die Zahl der Mitglieder des Ausschusses *der Vertreter der Fürsorgeberechtigten*, der nach Art. 13 Abs. IV FürsG. bei der Aufstellung von Richtlinien und Richtsätzen für die Durchführung der Fürsorge mit Ausnahme der Kriegsbeschädigten- und Kriegshinterbliebenenfürsorge zu hören ist (Gutachterausschuß), wird vom Stadtrate bestimmt. Eine Bindung hinsichtlich der Zahl ist im Gesetze nicht vorgeschrieben. Sie ist der Zahl und der Bedeutung der Vereinigungen, die zum Vorschlage zugelassen werden, anzupassen. Von der Bildung zu großer Ausschüsse ist abzusehen.

II Dem Ausschusse *müssen* Vertreter der Sozial- und Kleinrentner angehören, Vertreter anderer Gruppen von Fürsorgebedürftigen und ihrer Verbände, insbesondere der Blinden usw., *können* daneben berufen werden.

III *Vorschlagsberechtigt* sind Vereinigungen von Sozialrentnern und Kleinrentnern, die seit mindestens drei Jahren im Gemeindebezirke bestehen und eine entsprechende Zahl von Mitgliedern aufweisen. Andere Verbände können unter den gleichen Voraussetzungen zum Vorschlage zugelassen werden. Die Vorschläge sind in entsprechender Anwendung des § 13 Abs. III einzuholen. Nach Eingang der Vorschläge ist tunlichst auf eine gütliche Einigung unter den Vereinigungen, die Vorschläge eingereicht haben, hinzuwirken. Der Stadtrat beruft die Vertreter. Dabei soll von einer gütlichen Einigung unter den Vereinigungen nur bei Vorliegen besonderer Gründe abgewichen werden. Vom Ergebnisse der Berufung sind die berufenen Mitglieder und alle Vereinigungen, die Vorschläge eingereicht haben, zu verständigen. Den Vereinigungen, deren Vorschläge nicht berücksichtigt wurden, steht das Recht zu, die Nachprüfung der Berufungsverhandlungen durch die Staatsaufsichtsbehörde zu erwirken.

IV § 13 Abs. VI und VII gelten entsprechend.

§ 16. Der Gutachterausschuß (Art. 13 Abs. IV FürsG. und § 15 der gegenwärtigen Vorschriften) hat sein Gutachten beschlußmäßig abzugeben. Er ist in der Regel vom Wohlfahrtsausschuß oder einem Unterausschuß (Art. 16 FürsG.) zu hören.

§ 17. An der Verwaltung der öffentlichen Fürsorge sollen in der Wohlfahrtspflege erfahrene und bewährte Frauen teilnehmen. Aus diesem Grunde sollen solche Frauen dem Wohlfahrtsausschuß in angemessener Zahl und Verteilung auf die Gruppen der Stadtratsmitglieder, der Vertreter der Vereinigungen der freien Wohlfahrtspflege, der Kriegsbeschädigten und Kriegshinterbliebenen sowie der übrigen Fürsorgeberechtigten angehören.

§ 18. Die Entscheidung über die Bildung von Wohlfahrtsbezirken in kreisunmittelbaren Gemeinden, über die Geschäftsverteilung und über den Geschäftsgang kommt dem Stadtrate zu — Art. 14 FürsG. Der Wohlfahrtsausschuß ist darüber zu hören; er kann von sich aus über die Einrichtung von Wohlfahrtsbezirken und die Gestaltung der Verwaltung auch Anregungen geben und Anträge an den Stadtrat richten. Der Stadtrat ist hinsichtlich der Einrichtung der Verwaltung der Wohlfahrtsbezirke gesetzlich nur dahin gebunden, daß er in Anpassung an die Gestaltung des Wohlfahrtsausschusses Vertreter der Pfarreien und der Vereinigungen der freien Wohlfahrtspflege beizuziehen hat — Art. 14 Abs. II mit Art. 13 Abs. I Ziffer 2 und 4 FürsG.

§ 19. I Der Spruchausschuß — Art. 15 FürsG. — ist als besonderes Organ des Bezirksfürsorgeverbandes zur abschließenden Entscheidung für den Bezirksfürsorgeverband über Anträge Hilfsbedürftiger auf Fürsorgeleistungen bestellt. Der Wohlfahrtsausschuß bestimmt, ob je ein oder je zwei Beisitzer aus jeder der drei Beisitzergruppen dem Spruchausschuß angehören. Er beruft diese Beisitzer aus den Stadtratsmitgliedern, den Vertretern der Vereinigungen der freien Wohlfahrtspflege und den Vertretern der Kriegsbeschädigten und

Kriegshinterbliebenen sowie aus den Mitgliedern des Gutachterausschusses (Art. 13 Abs. IV FürsG.). In den Angelegenheiten der Kriegsbeschädigten- und Kriegshinterbliebenenfürsorge muß der Vertreter der Fürsorgeberechtigten den Vertretern der Kriegsbeschädigten und Kriegshinterbliebenen entnommen werden. In anderen Angelegenheiten kann jeder in den Spruchausschuß abgeordnete Vertreter der Fürsorgeberechtigten bei der Entscheidung mitwirken. In den Angelegenheiten der Sozial- und Kleinrentnerfürsorge sollen die Vertreter der Fürsorgeberechtigten, soweit es ohne Erschwerung der Geschäfte möglich ist, ihrer Gruppe entnommen werden.

II Aus Gründen der Geschäftsvereinfachung ist in Art. 15 Abs. II FürsG. eine Vorentscheidung des Vorsitzenden des Spruchausschusses vorgesehen. Auf diesem Wege können die einfach gelagerten Fälle beschleunigt entschieden werden. Der Vorsitzende kann eine Vorentscheidung treffen, eine Vorentscheidung muß aber nicht etwa grundsätzlich der Entscheidung des Spruchausschusses vorausgehen. Der Vorsitzende kann in Fällen, in denen vorweg die Würdigung des Spruchausschusses angezeigt erscheint, von der Vorentscheidung absehen und die Entscheidung des Spruchausschusses herbeiführen. In kreisunmittelbaren Gemeinden mit Wohlfahrtsbezirken kann nach Art. 14 Abs. II FürsG. die Verbescheidung von Unterstützungsanträgen Hilfsbedürftiger vorbehaltlich des Art. 15 FürsG. auch Organen der Wohlfahrtsbezirke übertragen werden. Ebenso kann der Wohlfahrtsausschuß vorbehaltlich der Anrufung des Spruchausschusses (Art. 15 FürsG.) mit der Verbescheidung von Unterstützungsanträgen Hilfsbedürftiger einen besonderen Unterausschuß nach Art. 16 FürsG. betrauen. So ist beispielsweise die Würdigung von Gesuchen um Leistungen der Gesundheits- und Erziehungsfürsorge für Jugendliche in einzelnen städtischen Bezirksfürsorgeverbänden einem besonderen Ausschuß übertragen.

III Die Vorentscheidung nach Art. 15 Abs. II FürsG. ist schriftlich zu erteilen. Wenn den Anträgen nicht voll entsprochen wird, ist die ablehnende Entscheidung kurz zu begründen; auf das Recht des Einspruchs ist hinzuweisen. Die Begründung muß den Antragsteller zureichend über den Grund der Abweisung aufklären. Die Entscheidung des Spruchausschusses ist nach den gleichen Grundsätzen zu erteilen; eine Beschwerdebelehrung nach Art. 30 FürsG. ist beizufügen.

IV Der Spruchausschuß ist ein besonderer, nach innen jedoch dem Wohlfahrtsausschuß unterstellter Ausschuß. Dies ergibt sich daraus, daß die Verwaltung des Bezirksfürsorgeverbandes grundsätzlich im Rahmen des vom Stadtrate genehmigten Haushalts dem Wohlfahrtsausschusse zusteht — Art. 13 Abs. I und 22 Abs. II FürsG. Der Spruchausschuß ist deshalb außer an die gesetzlichen und verordnungsmäßigen Vorschriften über die öffentliche Fürsorge auch an die vom Wohlfahrtsausschusse für die Durchführung der öffentlichen Fürsorge getroffenen Regelungen, insbesondere an die Richtsätze und Richtlinien für die öffentliche Fürsorge, gebunden. Dem Wohlfahrtsausschusse steht — unbeschadet der Staatsaufsicht — das Recht und die Pflicht der Überwachung der Tätigkeit des Spruchausschusses und des Vorsitzenden in Behandlung der Einzelfürsorge zu. Für eine möglichst rasche Entscheidung über die Unterstützungsanträge der Hilfsbedürftigen ist Sorge zu tragen.

§ 20. Gleichfalls aus Gründen der Geschäftsvereinfachung sieht Art. 16 FürsG. die Möglichkeit vor, die Verwaltung einzelner anderer Aufgaben als der Verbescheidung von Unterstützungsanträgen Hilfsbedürftiger besonderen Unterausschüssen oder dem Vorsitzenden zu übertragen. Hierfür kommt beispielsweise die Vertretung des Bezirksfürsorgeverbandes in Ersatz- und Übernahmeangelegenheiten, in Streitsachen und Staatsaufsichtsangelegenheiten und die Antragstellung auf Unterbringung in einer Arbeitsanstalt nach § 20 RFV. und Art. 38 FürsG. in Betracht. Der Spruchausschuß ist durch das Gesetz ausschließlich für die Verbescheidung der Anträge Hilfsbedürftiger auf Fürsorgeleistungen bestellt. Aus der Besonderheit dieser Aufgabe erklärt sich auch die besondere Zusammensetzung und die Einräumung eines Mitentscheidungsrechts durch Mitglieder, die dem Wohlfahrtsausschusse selbst nicht angehören. Dem Spruchausschusse können deshalb weitere Aufgaben auch nicht nach Art. 16 FürsG. übertragen werden.

§ 21. Die Berufung des Bezirksfürsorgeausschusses für den Bezirksfürsorgeverband des Bezirks ist durch den Bezirksamtsvorstand zu veranlassen. Dieser hat Zweifel darüber, ob und welche Pfarrer auf Grund des Art. 17 Abs. III FürsG. zum Bezirksfürsorgeausschusse beizuziehen sind, im Benehmen mit der kirchlichen Oberbehörde zu beheben. Im übrigen gelten die Bestimmungen der §§ 12 bis 20 entsprechend.

§ 22. I Die Bezirksämter haben dafür zu sorgen, daß in mittelbaren Gemeinden ihres Bezirks die Ortsfürsorgeausschüsse rechtzeitig gebildet werden. Sie werden dabei, soweit erforderlich, und insbesondere bei der ersten Bestellung den Gemeindebehörden beratend an die Hand gehen.

II Dem Ortsfürsorgeausschusse gehören vor allem neben dem ersten Bürgermeister Gemeinderatsmitglieder an, deren Zahl die Geschäftsordnung oder der Gemeinderat bestimmt (Art. 22 Abs. IV mit Art. 16 GO.). Der Bezirksarzt, die Pfarrer und der Rabbiner nach Art. 19 Abs. I Ziff. 2 und 3 gehören dem Ortsfürsorgeausschusse kraft Amtes an. Neben den Pfarrern der Pfarreien, die ihren Sitz im Gemeindebezirke haben, gehören ihm Pfarrer von Pfarreien mit auswärtigem Sitze dann an, wenn die Pfarreien mindestens ein Viertel der Wohnbevölkerung der Gemeinde umfassen. Als Wohnbevölkerung gilt die bei der letzten amtlichen Erhebung des Statistischen Landesamts festgestellte Ziffer; sie bleibt bis zur nächsten Neubestellung des Ortsfürsorgeausschusses maßgebend.

III Dem Ortsfürsorgeausschuß obliegt auch die Beschlußfassung über die Anträge Hilfsbedürftiger auf Fürsorgeleistungen, die Entscheidung über die Einzelfürsorge. Bei der überwiegenden Mehrzahl der Landgemeinden besteht für die Bestellung eines besonderen Spruchausschusses kein Bedürfnis. Um der reichsrechtlichen Vorschrift des § 3 Abs. 4 RFV. zu genügen, müssen aber hierzu vom Ortsfürsorgeausschusse Vertreter der Fürsorgeberechtigten beigezogen werden. Hierfür kommen Personen in Betracht, die geeignet und gewillt sind, die Belange der Hilfsbedürftigen zur Geltung zu bringen, Personen, die den Bevölkerungskreisen, die auf öffentliche Fürsorge angewiesen sind, sozial nahe stehen und mit ihren Verhältnissen vertraut sind. Auch in der Gemeinde wohnhafte Mitglieder wohlfahrtspflegerischer Vereinigungen oder von Vereinigungen Fürsorgeberechtigter kommen hierfür in Betracht. Ein Vorschlagsrecht ist den Vereinigungen nicht eingeräumt. Der Gemeinderat bestimmt ihre Zahl — höchstens ein Drittel der Gemeinderatsmitglieder des Ortsfürsorgeausschusses — und beruft sie nach eigenem Ermessen. Sie sind bei der Beschlußfassung über Anträge Hilfsbedürftiger auf Fürsorgeleistungen stimmberechtigte Mitglieder des Ortsfürsorgeausschusses. Bei der Aufstellung von Richtlinien für die Durchführung der Fürsorge sind sie vom Ortsfürsorgeausschusse gutachtlich zu hören. Die Aufstellung von Richtsätzen für die Bemessung des notwendigen Lebensunterhalts der Hilfsbedürftigen — § 6 Abs. 3 RFV. — ist den Bezirksfürsorgeausschüssen für den Bereich des Bezirkes übertragen, kommt demnach für die Ortsfürsorgeausschüsse überhaupt nicht in Frage.

IV In größeren mittelbaren Gemeinden mit ausgedehnterer Fürsorge kann die Beschlußfassung über Anträge Hilfsbedürftiger auf Fürsorgeleistungen, statt daß sie vom gesamten Ortsfürsorgeausschusse mit Beiziehung der Vertreter der Fürsorgeberechtigten erledigt wird, vom Gemeinderat einem Spruchausschuß übertragen werden, dessen Zusammensetzung sich nach Art. 19 Abs. IV FürsG. richtet. Für die Geschäftsführung dieses Spruchausschusses gelten die Grundsätze des Art. 15 Abs. II und III FürsG. und § 19 der gegenwärtigen Vorschriften.

V In Gemeinden des rechtsrheinischen Bayern mit nicht mehr als 2000 Einwohnern kommt der Vorsitz im Ortsfürsorgeausschusse dem Pfarrer nach näherer Bestimmung des Art. 19 Abs. V FürsG. zu. Hierfür ist die bei der letzten amtlichen Erhebung des Statistischen Landesamts festgestellte Wohnbevölkerung maßgebend; sie gilt bis zur nächsten Neubestellung des Ortsfürsorgeausschusses. Dem den Vorsitz führenden Pfarrer kommt die Rechtsstellung des ersten Bürgermeisters als Vorsitzenden eines beschließenden Ausschusses nach Art. 22 Abs. II GO. zu. Die Durchführung einzelner Aufgaben, z. B. die Betreuung der durchwandernden Hilfsbedürftigen, kann vom Ortsfürsorgeausschuß oder vom Vorsitzenden gemäß Art. 18 Abs. II GO. auch anderen Mitgliedern des Ortsfürsorgeausschusses usw. übertragen werden.

§ 23. I Die auf Grund des Art. 8 der Verwaltungsverordnung vom 12. Januar 1925 berufenen Vorsitzenden der Kreisfürsorgeausschüsse und ihre Stellvertreter bleiben Vorsitzende und stellvertretende Vorsitzende der Kreisfürsorgeausschüsse nach Art. 20 FürsG. Die Vorsitzenden sorgen für Berufung der Ausschußmitglieder nach Art. 27 KrO. und der weiteren stimmberechtigten Mitglieder nach Art. 20 Abs. II FürsG. Die Vorsitzenden treten mit den für den Regierungsbezirk bestehenden Vereinigungen der freien Wohlfahrtspflege in Fühlung, um in erster Linie mit ihnen festzustellen, welche Vereinigungen zum Vorschlage heranzuziehen sind. An diese Vereinigungen ist sodann die schriftliche Aufforderung zu richten, binnen einer Frist von vierzehn Tagen, gerechnet von der Zustellung an, Vorschläge einzureichen; § 13 Abs. III Satz 2 bis 7 und Abs. IV bis VII gelten entsprechend. Die Mitglieder nach Art. 20 Abs. II Ziff. 2 FürsG. und ihre Stellvertreter sind im Benehmen mit dem Kreisverbande des Bayerischen Städtebundes und des Landesverbandes bayerischer Bezirke zu berufen.

II Die grundsätzlichen Fragen, zu deren Verbescheidung die weiteren Mitglieder nach Art. 20 Abs. II FürsG. zum Kreisfürsorgeausschusse beizuziehen sind, sind gesetzlich nicht festgelegt. Im Benehmen mit dem Kreistagsverbande, der Arbeitsgemeinschaft der Landesfürsorgeverbände, dem Bayerischen Städtebund und dem Landesverbande der bayerischen Bezirke sowie mit den Spitzenverbänden der freien Wohlfahrtspflege werden Richtlinien darüber aufgestellt werden, welche Angelegenheiten als grundsätzliche Fragen im Sinne der Gesetzesbestimmung gelten.

Zu Art. 21—26 FürsG.

§ 24. Als beratende Mitglieder sollen in erster Linie die amtlich bestellten Fürsorgerinnen und Fürsorger sowie leitende oder geschäftsführende Beamte der Fürsorgebehörde beigezogen werden. In Angelegenheiten der Gesundheitsfürsorge kommt die Beiziehung von Ärzten und Anstaltsvertretern, in Angelegenheiten der Erziehungsfürsorge von Lehrern und Erziehern zu beratender Mitarbeit in Betracht. Außerdem kommen sonstige in der Wohlfahrtspflege besonders tätige und erfahrene Persönlichkeiten in Frage.

§ 25. I Die Wohlfahrtsausschüsse, Bezirksfürsorgeausschüsse, Ortsfürsorgeausschüsse und Kreisfürsorgeausschüsse (Fürsorgeausschüsse — Art. 21 FürsG.) und die Spruchausschüsse sind in der Verwaltung der öffentlichen Fürsorge an den vom ordentlichen Verwaltungsorgane genehmigten Haushalt gebunden und können nur über die haushaltmäßig bewilligten Geldmittel verfügen. Der Voranschlag des Fürsorgeverbandes ist ein Teil des allgemeinen Haushalts der Gemeinde, des Bezirks und des Kreises. Den Fürsorgeausschüssen ist vor der Feststellung des Haushalts Gelegenheit zur beschlußmäßigen Stellungnahme zu geben. Zweckmäßig wird der Fürsorgeausschuß bereits beim Entwurfe des Haushaltsplanes für die Aufstellung des Abschnitts über die öffentliche Fürsorge herangezogen werden. Der Fürsorgeaufwand ist, soweit für seine Deckung nicht Sondereinnahmen verfügbar sind, wie sonstiger Gemeinde-, Bezirks- und Kreisbedarf aufzubringen — Art. 22, 23 FürsG.

II Für das Kassen- und Rechnungswesen der Fürsorgeverbände gelten die Vorschriften für das Kassen- und Rechnungswesen der Gemeinden, Bezirke und Kreise entsprechend.

III Die Kreise als Landesfürsorgeverbände führen ein Dienstsiegel mit dem kleinen bayerischen Staatswappen (Art. 1 Abs. II des Gesetzes über das Wappen des Freistaates Bayern vom 20. Juli 1923, GVBl. S. 377; MinBek. vom 22. März 1924, GVBl. S. 83) und der Inschrift: „Bayern, Landesfürsorgeverband N.". Für die Bezirksfürsorgeverbände der kreisunmittelbaren Gemeinden und die Ortsfürsorgeverbände können die Gemeinderäte Dienstsiegel nach Maßgabe der Ziff. 5 der MinBek. vom 27. Juli 1928 (GVBl. S. 366)) über Vollzugsvorschriften zu Art. 12 Abs. I und II GO. (Wappen, Flaggen und Dienstsiegel der Gemeinden) mit der Inschrift: „Bayern, Bezirksfürsorgeverband Stadt N.", „Bayern, Ortsfürsorgeverband N." einführen. In Angelegenheiten der Bezirksfürsorgeverbände der Bezirke bedient sich der Vorsitzende des Bezirksfürsorgeausschusses des bezirksamtlichen Siegels.

§ 26. Art. 24 FürsG. räumt für die Bezirke als Bezirksfürsorgeverbände und für die Kreise als Landesfürsorgeverbände die Bereitstellung der Räume und der Beamten der Bezirksämter und der Kreisregierungen ein, soweit und solange die Geschäftsverhältnisse dies gestatten. Bei der Finanzlage der Gemeindeverbände wird für die Anforderung von besonderem Personal zur Fürsorgeverwaltung insbesondere gegenüber den Bezirken Zurückhaltung geboten erscheinen. Im übrigen ist der Verwaltungsaufwand der Fürsorgeverbände in sächlicher und persönlicher Hinsicht wie der Fürsorgeaufwand von den Trägern der Fürsorgeverbände — Gemeinden, Bezirke, Kreise — aufzubringen; zu dem Verwaltungsaufwande zählt auch der Aufwand für auswärtige Dienstgeschäfte.

§ 27. Die näheren Bestimmungen zu Art. 25 FürsG. sind in der Verordnung vom 31. März 1930 über die Kriegsbeschädigten- und Kriegshinterbliebenenfürsorge (GVBl. S. 105) *) getroffen **).

*) Abgedruckt S. 5.

**) S. dazu Bek. des StMin. d. Innern vom 17. April 1930 (Staatsanzeiger Nr. 90) über die Feststellung und Auszahlung der Zusatzrenten, abgedruckt S. 31.

§ 28. Das neuzeitliche Fürsorgewesen geht von dem Grundsatze planmäßiger Zusammenarbeit der öffentlichen und der freien Wohlfahrtspflege aus. Nach § 5 Abs. 3 und 4 RFV. sollen die Fürsorgestellen für ihren Bereich Mittelpunkt der öffentlichen Wohlfahrtspflege und zugleich Bindeglied zwischen öffentlicher und freier Wohlfahrtspflege sein; sie sollen darauf hinwirken, daß öffentliche und freie Wohlfahrtspflege sich zweckmäßig ergänzen und in Formen zusammenarbeiten, die der Selbständigkeit beider gerecht werden. Die Fürsorgeverbände sollen eigene Einrichtungen nicht neu schaffen, soweit geeignete Einrichtungen der freien Wohlfahrtspflege ausreichend vorhanden sind. Es darf vertraut werden, daß die Fürsorgeverbände sich an diese Grundsätze halten. In Bayern ist gerade das karitative Anstaltswesen weitgehend entwickelt. Dies trägt auch zu einer erheblichen Entlastung der Fürsorgeverbände an Arbeit und Aufwand bei.

IV. Umfang der Fürsorge.

Zu Art. 27 FürsG.

§ 29. Auf Grund der in Art. 27 FürsG. dem Staatsministerium des Innern übertragenen Zuständigkeit sind zum sachlichen Fürsorgerechte mit der Verordnung vom 12. April 1930 über Voraussetzung, Art und Maß der öffentlichen Fürsorge (GVBl. S. 117) nähere Bestimmungen getroffen. In Fällen der Unterbringung von Minderjährigen durch die Fürsorgeverbände ist bei der Auswahl der Familie oder der Anstalt auf das Glaubensbekenntnis des Minderjährigen Rücksicht zu nehmen.

V. Kostenersatz.

Zu Art. 28.

§ 30. Von der Festsetzung von Tarifen nach § 16 RFV. wird vorerst abgesehen. Es wird davon ausgegangen, daß in Fällen der Anstaltspflege in der Regel die für die Anstalt maßgebenden niedrigsten Verpflegssätze, keinesfalls aber höhere als die für die Krankenkassen der Reichsversicherungsordnung festgesetzten Verpflegssätze in Ansatz gebracht werden.

VI. Staatsaufsicht und Streitverfahren.

Zu Art. 29—33 FürsG.

§ 31. I Die öffentliche Fürsorge obliegt den Bezirksfürsorgeverbänden der Gemeinden und Bezirke und den Landesfürsorgeverbänden der Kreise als eigene Gemeindeangelegenheit im Sinne des § 22 Abs. I der bayer. Verfassungsurkunde. Sie verwalten die öffentliche Fürsorge nach den in der Gemeinde-, Bezirks- und Kreisordnung festgelegten Grundsätzen der Selbstverwaltung und unterstehen hierin der Staatsaufsicht, für die die Bestimmungen der Gemeinde-, Bezirks- und Kreisordnung über Staatsaufsicht entsprechend gelten. Abweichend von der Regelung des Art. 34 KrO. ist in Art. 29 Abs. II die Staatsaufsicht über die Landesfürsorgeverbände der Kreise unter Leitung des Staatsministeriums des Innern den Kreisregierungen übertragen.

II In Art. 30 ist gegen die Bescheide der Fürsorgeverbände über Anträge auf Fürsorgeleistungen in Rücksicht auf die Bestimmung des § 3 Abs. 3 RFV. ein Beschwerdeverfahren eingeräumt.

VII. Besondere Aufgaben der Wohlfahrtspflege.

Zu Art. 34—37 FürsG.

§ 32. I Die Wandererfürsorge ist in den Art. 34 bis 36 FürsG. als ein Sondergebiet der Wohlfahrtspflege außerhalb der öffentlichen Fürsorge nach der Reichsverordnung über die Fürsorgepflicht geregelt. Als Träger der Wandererfürsorge sind daher nicht die Fürsorgeverbände, sondern die kreisunmittelbaren Gemeinden und die Bezirke bestellt.

II Nach Art. 34 Abs. I FürsG. haben die Träger der Wandererfürsorge, soweit erforderlich, Einrichtungen zu treffen, um bedürftigen Wanderern gegen Arbeitsleistung vorübergehend Obdach und Beköstigung zu gewähren. Eine Einrichtung, in der vorübergehend Obdach und Beköstigung ohne Arbeitsleistung gewährt wird, kann nicht als eine Wandererfürsorgeeinrichtung im Sinne des Art. 34 mit dem Recht auf Ersatzleistung des Kreises und des Staates (Art. 36 FürsG.) erachtet werden. Ist die Arbeitspflicht in der Fürsorgeeinrichtung eingeführt, so wird im allgemeinen die Ersatzpflicht von Kreis und Staat beim Vorliegen der sonstigen Voraussetzungen dann nicht ohne weiteres ausgeschlossen sein, wenn ausnahmsweise aus besonderen Gründen einzelnen Wanderern Obdach und Beköstigung ohne Arbeitsleistung gewährt wurde. Obdach und Beköstigung (nicht Unterhalt) kann in der Wandererarbeitsstätte nur vorübergehend gewährt werden. Bei der Auslegung des Begriffes „vorübergehend“, der im Gesetze nicht näher umschrieben ist, wird Sinn und Zweck der Einrichtung, den arbeitsuchenden Wanderern das Aufsuchen von Arbeitsgelegenheit zu erleichtern, zu berücksichtigen sein; eine schematische Festlegung etwa in dem Sinne „vormittags arbeiten, nachmittags wandern“ würde dem Zweck der Einrichtung vielfach nicht gerecht werden. Wie sich aus dem Zweck der Wandererfürsorge und aus dem Erfordernis der Arbeitsleistung ergibt, erstreckt sich die Wandererfürsorge im Sinne des Art. 34 FürsG. nicht auf die infolge Alters, Krankheit oder aus sonstigen Gründen arbeits*un*fähigen Wanderer; die Fürsorge für diese Wanderer ist im Falle ihrer Hilfsbedürftigkeit Aufgabe der Fürsorgeverbände. Auf Ausländer soll sich die Wandererfürsorge im allgemeinen nicht erstrecken.

III Durch Art. 36 FürsG. wird nunmehr ausdrücklich festgelegt, daß nur der Betriebsaufwand, soweit er nicht aus eigenen Einnahmen der

Einrichtungen gedeckt wird, zu ersetzen ist, und zwar von Kreis und Staat mit je einem Drittel. Zum Betriebsaufwand zählt nicht der Einrichtungsaufwand, d. i. der Aufwand für die betriebsfertige Herstellung der Wandererarbeitsstätte einschließlich des Aufwandes für die Bereitstellung der Räume und der Einrichtungsgegenstände.

IV Die in Art. 35 FürsG. vorgesehenen Bestimmungen über die Regelung des Wandererwesens sowie die Bestimmungen über das Ersatzleistungsverfahren (Art. 36 FürsG.) werden gesondert erlassen*). Zu einer befriedigenden Lösung der Wandererfürsorge ist planmäßige Gestaltung der Einrichtungen für einen durch die Verkehrs- und Wirtschaftsverhältnisse bedingten weiteren Bereich unerläßliche Voraussetzung. Dabei ist die Zusammenarbeit der Kreisregierungen untereinander und mit dem Landesverband für Wandererfürsorge, ferner mit dem Städtebund, dem Landesverband der Bezirke, dem Kreistagsverband und der freien Wohlfahrtspflege notwendig. Die Zusammenarbeit ist insbesondere auch deshalb geboten, um Gewähr dafür zu schaffen, daß sich die einzelnen Einrichtungen in den in Aussicht genommenen Landesplan einpassen können.

§ 33. I Auf dem Gebiete der Geschlechtskrankenfürsorge (Art. 37 FürsG.) erscheint es in erster Linie notwendig — soweit noch nicht geschehen — für die zur Zeit bereits bestehenden gemeinnützigen Fürsorgestellen zur Bekämpfung der Geschlechtskrankheiten als Träger der Einrichtung geordnete Arbeitsgemeinschaften nach §§ 2 und 3 der Richtlinien über Gesundheitsfürsorge in der versicherten Bevölkerung vom 27. Februar 1929 (RGBl. I S. 69) zu schaffen, die namentlich auch die Behandlung geschlechtskranker Minderbemittelter, die keinen Anspruch auf anderweitige ärztliche Behandlung haben oder denen die Behandlung auf Grund einer Versicherung wirtschaftliche Nachteile bringen könnte (§ 2 Abs. 2 des RG. zur Bekämpfung der Geschlechtskrankheiten), übernehmen und damit im Sinne des Art. 37 FürsG. sicherstellen. Hierzu wird auf die Begründung des Regierungsentwurfs des Fürsorgegesetzes zu Art. 37 und die Verhandlungen hierüber im Verfassungsausschusse des Landtags I. Lesung — Landtagsbeilage Nr. 936 S. 234 — sowie auf die Abhandlung „Gesundheitsfürsorge in der Reichsversicherung" (Bayerische Fürsorgeblätter 1929 Sp. 504) Bezug genommen. Die Kreisregierungen, in deren Bezirke Fürsorgestellen liegen, werden angewiesen, die Trägerschaft dieser Fürsorgestellen und ihre Verfassung zu prüfen und dafür zu sorgen, daß die Geschlechtskrankenfürsorge für Minderbemittelte, soweit noch nicht geschehen, übernommen wird. In Verhandlungen mit den bisherigen Trägern ist diese Frage und die gesamte Verfassung der Fürsorgestellen zu ordnen und dabei auch zu prüfen, ob und inwieweit es notwendig erscheint, kreis-

*) Die Bestimmungen sind noch nicht erschienen.

unmittelbare Gemeinden und Bezirke des Bereiches der Fürsorgestelle zum Beitritt zur Arbeitsgemeinschaft und zur Beteiligung an den Kosten heranzuziehen. Die Versicherungsträger werden im Falle der Erweiterung der Geschlechtskrankenfürsorge über den Kreis der versicherten Bevölkerung und ihrer Familien hinaus die Beteiligung der Gemeinden und Bezirke in Anspruch nehmen. Auf einen Ausgleich unter den Beteiligten ist hinzuwirken. Art. 37 FürsG. gibt eine Möglichkeit, die kreisunmittelbaren Gemeinden und Bezirke zur Beteiligung anzuhalten; hiervon soll nur insoweit Gebrauch gemacht werden, als der freiwillige Beitritt nicht zu erreichen ist. Für die Kostenverteilung unter den Teilnehmern der Arbeitsgemeinschaft gilt in erster Linie ihre eigene Vereinbarung (§ 3 der Reichsrichtlinien). Hierfür kann die Zahl der Fürsorgefälle, die Bevölkerungsziffer usw. als Maßstab genommen werden. Es ist anzustreben, daß die Fürsorgestellen zum Mittelpunkt der Geschlechtskrankenfürsorge werden und nicht bloß für die Krankenkassenmitglieder, die Sozialversicherten und die Bevölkerung der Gemeinde ihres Sitzes bereitstehen, sondern sich aller Krankheitsfälle aus ihrem Arbeitsbereich annehmen, losgelöst von der öffentlichen Fürsorge und ohne Geltendmachung von Kostenerstattungsansprüchen an auswärtige Fürsorgeverbände nach den Grundsätzen des öffentlichen Fürsorgerechts.

II Als erstes Ziel muß es gelten, die bereits bestehenden Fürsorgestellen im Sinne des Art. 37 FürsG. und der §§ 2 und 3 der Reichs-Richtlinien zu begründen und auszubauen. Die Schaffung weiterer notwendiger Fürsorgestellen wird in zweiter Linie ins Auge zu fassen sein.

VIII. Arbeitspflicht.

Zu Art. 38—45 FürsG.

§ 34. I Der Kreis der für die Arbeitsunterbringung in Betracht kommenden Personen ist in § 20 RFV. und auf Grund des § 20 Abs. 4 RFV. mit einer Erweiterung in Art. 38 Abs. I FürsG. festgelegt. Unter den Voraussetzungen dieser Bestimmungen wird es auch möglich sein, gegen Personen, die sich dauernd der Gewerbsunzucht ergeben, mit Zwangsmaßnahmen vorzugehen, um sie zur Erfüllung bestehender Unterhaltsverpflichtungen anzuhalten.

II Bei Anwendung des Arbeitszwanges ist auf die Schonung begründeter Belange und auf das Ehrgefühl der von der Anordnung betroffenen Personen die gebotene Rücksicht zu nehmen. Im einzelnen Falle kann die Androhung der Unterbringung bereits zu dem mit der Maßnahme erstrebten Erfolge führen.

III Zulassungsanträge von Anstalten*) und Arbeitseinrichtungen zur Aufnahme von Personen nach § 20 RFV. und Art. 38 FürsG. sind

*) Die Errichtung einer Landesarbeitsanstalt (zunächst für männliche Personen) soll baldigst in Aussicht stehen.

durch Vermittlung der Kreisregierung beim Staatsministerium des Innern einzureichen. Dem Zulassungsantrag ist die Arbeitsordnung (Art. 45 FürsG.) beizugeben. In Frage wird insbesondere die Zulassung von Trinkerheilstätten für solche Personen kommen, die infolge Trunksucht sich und ihre Angehörigen der öffentlichen Fürsorge anheimfallen lassen.

IV In Städten mit staatlicher Polizeiverwaltung obliegt die Beschlußfassung über die Unterbringung den Stadträten. Für die Entscheidung der Kreisregierung im Beschwerdeverfahren wird auf Art. 9a des Verwaltungsgerichtsgesetzes in der Fassung des Gesetzes vom 7. März 1924 (GVBl. S. 65) und des Art. 56 Ziff. II FürsG. verwiesen.

IX. Unterhalts- und Ersatzpflicht.

Zu Art. 47 FürsG.

§ 35. Bei der Geltendmachung von Kostenrückersatz nach Art. 47 FürsG. sind Härten zu vermeiden. Dies gilt insbesondere gegenüber den Personen, die trotz wirtschaftlicher Lebensführung infolge der Geldentwertung in die Notwendigkeit versetzt werden, die Fürsorge in Anspruch zu nehmen. Der Ersatzanspruch nach Art. 47 Abs. I FürsG. ist insoweit nicht möglich, als vom Hilfsbedürftigen der Verbrauch oder die Verwertung eigenen Vermögens nach § 15 der Reichsgrundsätze über Voraussetzung, Art und Maß der öffentlichen Fürsorge in der Fassung der Reichsverordnung vom 29. März 1928 nicht gefordert werden kann.

X. Übergangs- und Schlußbestimmungen.

Zu Art. 53 FürsG.

§ 36. Bis zur Übernahme der Geschäfte durch die nach dem Fürsorgegesetze berufenen Verwaltungskörper haben die nach der Verwaltungsverordnung vom 12. Januar 1925 und der Verordnung vom 21. Dezember 1929 (GVBl. 1930 S. 1) *) bestellten Verwaltungskörper die den Fürsorgeverbänden obliegenden Aufgaben zu versehen. Mit

---

*) Die Verordnung des Gesamtministeriums vom 12. Dez 1929 lautet:

Auf Grund des § 31 der Reichsverordnung über die Fürsorgepflicht vom 13. Febr. 1924 (RGBl. I S. 100) wird folgendes verordnet:

Die Amtsdauer der den Wohlfahrtsausschüssen und Ortsfürsorgeausschüssen zurzeit angehörenden Mitglieder nach Art. 1 Abs. II Buchst. d, e und f sowie nach Art. 7 Abs. II Buchst. d und f der Verordnung über die Verwaltung der Fürsorgeverbände vom 12. Januar 1925 (GVBl. S. 39) wird bis zum Inkrafttreten des bayerischen Fürsorgegesetzes — Ausführungsgesetz zur RV. über die Fürsorgepflicht — verlängert.

Rücksicht darauf, daß das Fürsorgegesetz in der Heranziehung der Vertreter der Fürsorgeberechtigten von der vorläufigen Verwaltungsverordnung abweicht, empfiehlt es sich, auf möglichst baldige Bestellung der neuen Verwaltungskörper Bedacht zu nehmen.

4.

Bek. d. Staatsmin. d. Innern vom 17. April 1930 Nr. 6581 d 2 über die Feststellung und Auszahlung der Zusatzrenten.

(MABl. S. 10).*)

Auf Grund des § 94 des Reichsversorgungsgesetzes i. d. F. vom 22. Dezember 1927 (RGBl. I S. 515), des Art. 25 Abs. IV des Fürsorgegesetzes vom 14. März 1930 (GVBl. S. 38) und des § 6 der Verordnung des Staatsministeriums des Innern vom 31. März 1930 Nr. 6506 a 3 (GVBl. S. 105) wird über die Feststellung und Auszahlung der Zusatzrenten im Einverständnisse mit dem Staatsministerium der Finanzen folgendes bestimmt:

I.

Die Zusatzrenten werden von den Bezirksverwaltungsbehörden festgestellt; die Auszahlung der Zusatzrenten obliegt den Bezirksfürsorgeverbänden.

II.

1. In der Behandlung des Zusatzrentenwesens (Feststellung und Auszahlung sowie Abrechnung) wird bei den kreisunmittelbaren Städten im allgemeinen eine Änderung nicht veranlaßt sein.

2. Dagegen geht mit Inkrafttreten dieser Bekanntmachung die Auszahlung der Zusatzrenten bei den Bezirksämtern von den Bezirksamtskassen auf die Kassen der Bezirksfürsorgeverbände über, während die Feststellung der Zusatzrenten und die gesamte Sachbearbeitung sowie die Anforderung des Geldbedarfes und die Abrechnung mit der Hauptfürsorgestelle nach Maßgabe des Erlasses des Reichsarbeitsministers vom 22. Januar 1930 (RVBl. S. 6) und Entschließung der Landeshauptfürsorgestelle vom 16. Februar 1930 (StAnz. Nr. 41) durch die Bezirksämter erfolgt.

III.

1. Die mit der Zahlung der Zusatzrenten beauftragten städtischen Kassen und Bezirkskassen haben über die Zusatzrentengelder ein Hilfskassentagebuch zu führen; als Belege sind die Anweisungen der Be-

---

*) Zuerst abgedr. im Staatsanzeiger v. 18./19. April 1930, Nr. 90.

zirksverwaltungsbehörde, die Zahlungsnachweise und die Einnahmeeinweisungen den Kassentagebüchern beizufügen.

2. Im übrigen gelten auch für das Kassen- und Rechnungswesen der Zusatzrenten die für das Kassen-, Voranschlags- und Rechnungswesen der kreisunmittelbaren Städte und der Bezirke maßgebenden Vorschriften.

3. Eine Vermengung der Zusatzrentengelder mit anderen Geldern ist zu vermeiden, auch ist eine nur vorübergehende Verwendung von Zusatzrentenmitteln für andere Zwecke untersagt. Zweckmäßig werden die Zusatzrentengelder auf einem eigenen Sparkassenkonto oder Postscheckkonto geführt. Die bisher ausschließlich diesem Zwecke dienenden bezirksamtlichen Konten werden auf den Namen der Bezirksfürsorgeverbände umzuschreiben und an diese zu übertragen oder aufzulösen sein.

IV.

1. Die mit der Verwaltung der Zusatzrentenmittel betrauten Kassenführer haben am 18. jeden Monats das Hilfskassentagebuch zwischen den Zeilen abzuschließen und der Bezirksverwaltungsbehörde den Kassenbestand zur Aufnahme in die am 20. jeden Monats fällige Geldbedarfsanzeige mitzuteilen.

2. Am Schlusse eines jeden Kalendervierteljahres ist das Hilfskassentagebuch abzuschließen. Die Einnahmen und Ausgaben des letzten Vierteljahres sind der Bezirksverwaltungsbehörde mitzuteilen. Diese hat die Mitteilungen mit ihren Erstattungsnachweisungen zu vergleichen und allenfalls notwendige Ergänzungen zu veranlassen. Die Übereinstimmung zwischen Erstattungsnachweisungen und Hilfskassentagebuch ist von der Bezirksverwaltungsbehörde festzustellen und zu bestätigen. Auf Grund dieser Bestätigung sind die Abschlußziffern im Hauptbuche der Bezirkskasse in Einnahmen und Ausgaben durchzuführen.

3. Zur Sicherung der frist- und ordnungsgemäßen Auszahlung der Zusatzrenten an die Empfangsberechtigten haben die Bezirksverwaltungsbehörden auf rechtzeitige Erlassung der Anweisungen an die Kassen Bedacht zu nehmen.

V.

Feststellung und Auszahlung der Zusatzrenten müssen unter allen Umständen getrennt bleiben. In den Fällen, in denen der bezirksamtliche Sachbearbeiter für das Zusatzrentenwesen zugleich nebenamtlicher Bezirkskassenverwalter ist, müssen die Amtsvorstände durch entsprechende Geschäftsverteilung dafür sorgen, daß Anweisung und Auszahlung nicht in einer Hand vereinigt bleiben.

VI.

Aufsichts- und Prüfungsbehörde über das Zusatzrentenwesen ist unbeschadet des Aufsichtsrechts der Kreisfürsorgestellen die Hauptfürsorgestelle für Kriegsbeschädigte und Kriegshinterbliebene. Hierdurch wird die Aufsichtspflicht der Vorstände der Bezirksverwaltungsbehörden über das Kassen- und Rechnungswesen, das Aufsichtsrecht der gemeindlichen Prüfungsämter und die Vornahme allenfallsiger Kassenprüfungen durch den Prüfungsverband öffentlicher Kassen nicht berührt.

VII.

Die Erlasse des Reichsarbeitsministers vom 30. Juni 1924 Nr. VII 2970 (RVBl. 1924 S. 110ff.), vom 31. Dezember 1924 Nr. 6207 (RVBl. 1925 S. 2) und vom 22. Januar 1930 Nr. I a 85/30 (RVBl. S. 6ff.) bilden mit den Ausführungsanweisungen der Hauptfürsorgestelle die Grundlage für die Zahlung und Verrechnung der Zusatzrenten.

VIII.

1. Diese Bekanntmachung tritt mit Wirkung vom 1. April 1930 in Kraft.

2. Gleichzeitig treten außer Kraft: die Entschließungen der Ministerien für Soziale Fürsorge und der Finanzen vom 30. März 1921 (StAnz. Nr. 73), des Ministeriums für Soziale Fürsorge vom 8. Dezember 1921 (StAnz. Nr. 288) und vom 1. Juni 1927 (StAnz. Nr. 126).

3. Bei den Bezirksämtern sind für das Rechnungsjahr 1929 sofort die Kassenbücher für die Zusatzrenten abzuschließen. Der vorhandene Bestand an Zusatzrentengeldern ist an die nunmehr zuständige Kasse des Bezirksfürsorgeverbandes zu übergeben. Über die Übergabe ist eine Niederschrift in dreifacher Fertigung zu erstellen. Die eine Fertigung dient als Beleg für die abgeschlossenen Bücher, die andere als Einnahmebeleg für die neuzuständige Kasse. Die dritte Fertigung ist der Hauptfürsorgestelle in München, Briennerstraße 50, vorzulegen. Dabei ist zu berichten, auf welches Konto nunmehr die Vorschüsse zur Zahlung der Zusatzrente zu überweisen sind.

4. Zur Erleichterung des Übergangs und zur Sicherstellung der rechtzeitigen Zahlung der Zusatzrenten im April und Mai haben die bisherigen bezirksamtlichen Kassenverwalter den künftig zuständigen Kassieren der Bezirksfürsorgeverbände entsprechend an die Hand zu gehen.

Kurzes Sachregister.

(Die Zahlen ohne Beisatz bedeuten die Seiten).

FSC
www.fsc.org
MIX
Papier | Fördert gute Waldnutzung
FSC® C083411

Kolibri 360 GmbH
Ferdinand-Jühlke-Straße 7
99095 Erfurt, Deutschland
produktsicherheit@kolibri360.de